経営×ファイナンス

ポストコロナのキャリア戦略

専門スキルのないキャリアに悩むあなたを救う、0から経営人材になる方法!

和田耕太郎
株式会社セイワホールディングス 執行役員

堀江大介
ヤマトヒューマンキャピタル株式会社 代表取締役

はじめに

アフターコロナをサバイブするための「経営×ファイナンス」

新型コロナウイルスの世界的大流行が、日本経済および社会の変化を猛烈に加速させています。

とりわけ労働市場では、コロナショックをきっかけに、人に仕事を割り当てる「メンバーシップ型」よりも、仕事に人を割り当てる「ジョブ型」を求める流れ、「ゼネラリスト」よりも「スペシャリスト」を求める流れが加速しています。ビジネスパーソン側でも、組織に頼らず、どのような時代になっても生き残ることのできる、自立したキャリアを築きたいという志向が高まってきています。

コロナショック以降、より顕著になった、こうしたキャリアニーズに対応するために、ビジネスパーソンはどのような能力を身に付ける必要があるのでしょうか。時代の先行きがこれまで以上に不透明になるなかで、どうすればビジネスパーソンとして自己の職務に誇りを持ちながら、人生をサバイブしていけるのでしょうか。

本書では、時代の変化に強く、汎用性の高いスキルとして「経営×ファイナンス」という能力を提示します。

昨今、テクノロジーの進化や人々の価値観の多様化により、各社とも急速な経営戦略の見直しを進めています。当然戦略が変われば、企業が行うべきJOB（業務）が変化し、結果ビジネスパーソンに求められる能力も変わります。プログラミングさえできれば仕事はいくらでもあるという時代もありましたが、現在はプログラミングができる方が非常に増えたこともありますし、コードを書かずにWEBサイトやアプリを開発するノーコードという手法まで生まれています。それは、語学力でも、メーカーのエンジニアリングでも、デザインでも、コロナ以降急速に増えているテレワーク関連業務などでも同じことです。時代時代で求められる能力が変わり、そしていずれは必要とされなくなる可能性のある能力といえるかもしれません。

ここで、我々が「経営×ファイナンス」という能力を取り上げる理由は、事業目標の設定、計画策定、チームをモチベートしながら組織を前進させる経営力と、資金の調達、最適配分を行いながら、予実を管理しキャッシュを最大化するファイナンス能力は、組織を運営するために必須の能力であり、また、資本主義の中心的機能だと思うからです。

時代が変わっても、所属する組織が変わっても、扱うサービスや業界が変わっても、はたまた会社員、個人事業主、起業家といった働き方が変わっても、組織運営にとって不変的な機能である経営とファイナンスに関する能力は時代を超えて求められ続けます。そして、それらがあれば、そもそも組織に所属せず独立する道も開かれるでしょう。

ただし、当然のことながら、こうした能力は、座学だけで身に付けることはできません。「経営×ファイナンス」の能力は、経営に近い現場でさまざまな修羅場を乗り越えながら磨き上げていく必要があるのです。

そして、これらの能力を組織に所属しながら最も効率的に高められる業界として、M&A、事業再生、PEファンドという3つの業界を取り上げます。

本書の後半部では、これらの3業界を一括して「経営×ファイナンス業界」と呼び、同業界がWithコロナ、アフターコロナの時代にこそ伸びる背景やこれらの仕事の魅力について、現場経験者と業界専門のキャリアアドバイザーの視線を交えながらお話したいと思います。

若手ビジネスパーソンは「自由の刑」に処されている

本書を特に熟読していただきたいのは、20代、30代の若手ビジネスパーソンです。折からの働き方改革や、コロナショックを契機に急速に浸透したリモートワーク、副業解禁の流れとともに、キャリア選択の自由度は大幅に増しています。しかしながら、実際のところ、自らのキャリアを自由に選択できているというビジネスパーソンは、ほとんどいないのではないでしょうか。

例えば、「ずっと同じ会社に居続けるなんて考えられない」「上司のようにはなりたくない」――。そう感じながらも、「何をしたらいいかわからない」「自分に何ができるか。自らのスキルにどのような市場価値があるのかわからない」「情熱を傾けられる仕事が見つからない」――。こうした悶々とした気持ちを抱えている若手ビジネスパーソンは少なくないはずです。

つまり、現代の若手ビジネスパーソンは、自らのキャリアを自由に選択できる環境が整っているにもかかわらず、実際には不自由な状況のもとに置かれている。経営共創基盤マネージングディレクターの塩野誠さんの言葉を借りれば「『自由の刑』に処されている」

（塩野誠・佐々木紀彦著『ポスト平成のキャリア戦略』幻冬舎刊）のです。

こうした状況は、いわゆる〝キャリアエリート〟にとっても無縁ではありません。例えば、大手事業会社やメガバンクの総合職といえば、学歴・職歴もきれいで、地頭もコミュニケーション能力も一定以上のレベルの人が少なくありません。世間的には〝エリート〟と呼ばれ、キャリアに関する悩みなど無縁のように見えるかもしれません。

しかしながら、「組織に頼らず自分一人で何ができるのか」と自問自答してみると「何も答えられない」。こうした結論にたどり着く人が実に多いのです。

もとより、こうしたキャリアを歩んでいる人のなかには明確にやりたいことがないため、まずは社会的な評価の高い業界、あるいはつぶしのきく（と思った）業界に就職したという方が少なくありません。

そういった企業の多くは組織や業務が最適化（定形化、標準化）されており、一定程度の業務処理能力があれば誰でもこなすことができるようになっています。これは企業としてみると、特定の個人に頼らずに事業を回していけるので強みとなりますが、個人のキャリアとして見ると「社内でしか通用しない能力」が蓄積されていくのみで、どこでも戦っていける能力が身につくかどうかという観点では疑問符がつきます。

現代の若手ビジネスパーソンにとって、「自由の刑」から逃れるのは至難の業なのです。

私たちは、こうした若手ビジネスパーソンにこそ、「経営×ファイナンス」の能力を身に付けてほしいと思っています。

なぜなら「経営×ファイナンス」の力は、組織に依存することなく、どこにいても自立して生きていくことを可能にする汎用的なスキルであり、若手ビジネスパーソンが抱えている悩みや不満の多くを解決することができるからです。


今現在、夢や目標が明確な方はすでにそこへ挑戦されていると思いますが、まだはっきりとしていない方にとってこそ、本書をヒントにしていただきたいのです。自身が人生をかける夢や目標は一生探し求めるものだと思います。それが見つかるまでは、まずは自己の能力を高めてはいかがでしょうか。そして高める能力は、それが見つかった際、あるいは応援したいリーダーと出会った際に、広く使える汎用的な能力が望ましいでしょう。応援したい起業家タイプの人材と知り合ったならば、事業計画の策定や予実管理、お金の出し入れなど、ＣＦＯとして彼らのアイデアをかたちにしていくこともできるでしょう。

また、シンプルにまずは稼ぎたいということであれば「経営×ファイナンス」の能力を高め、複数の中小企業のＣＦＯを兼任する形で独立するもよし、ＰＥファンドのファンドマネージャーとして数億円にのぼるキャリーの獲得を目指すもよし、キャリアの選択肢はあなたにあります。

つまり、現時点ではやりたいことを明確に思い浮かべることができなくとも、「経営×ファイナンス」の力を身に付けてさえいれば、さまざまなキャリアを切り拓くチャンスを獲得できるのです。

その意味で、「経営×ファイナンス」は、〝キャリアの主導権〟を獲得するための能力であると同時に、〝キャリアのモラトリアム〟を可能にする唯一無二のスキルなのです。

キャリアはつくれる

先ほど少し触れたように、「経営×ファイナンス」の能力を高めるためには、「経営×ファイナンス業界」に飛び込み、M&Aや事業再生コンサルティング、事業投資の経験を積み重ねるのがいちばんです。

動機や目的は人によってさまざまですが、昨今、若手ビジネスパーソンのなかで、M&Aや事業再生、事業投資といった業務に大きな注目が集まっているように感じます。どうすればこの業界に入れるか?」「どのような力を身に付けておく必要があるのか?」といった相談が年々増えています。

しかし、この領域に関心を持つ方の多くは、正しい情報をお持ちでないように感じます。

「具体的な業務内容はよくわからないけれど、なんとなくカッコよくて華やかな業界」といったイメージを漠然と描いている方も多いのではないでしょうか。

例えば、PEファンドの業務の一つに「ハンズオン支援*」がありますが、戦略コンサルティングファームのような仕事を思い浮かべている方が多い印象です。幹部会でホワイトボードを前にして、経営・事業戦略について語るイメージです。

しかしながら、スモール・ミッドキャップ*のPEファンドでは、こうした仕事ももちろん大切ですが、より求められるのは、投資先の幹部や社員との適切なコミュニケーション(場合によっては飲みニケーションも)を通じて信頼関係を得ながら、定例会議を設定したり、会議資料のフォーマットをつくったり、営業の進捗状況をチェックしたり、資金繰りを管理したりといった、極めて地味な仕事を、地道かつ愚直にやり切る力です。

本書では、こうした現場レベルのリアルな情報を織り込むことで、「経営×ファイナンス」能力の具体像を明らかにするとともに、「経営×ファイナンス業界」の仕事内容につ

*ハンズオン支援……PEファンドや再生ファーム等が投資先に自社の社員を派遣し、常駐や半常駐で経営に関する支援を行うこと。

*スモール・ミッドキャップ……キャップはPEファンド等における投資サイズのことであり、小さいサイズの投資、中ぐらいのサイズの投資のこと。明確な区別はないが、スモールキャップは数億円〜数十億円程度の投資サイズであり、ミッドキャップは数十億円〜数百億円程度の投資サイズである。

いてもより具体的に紹介していきたいと思います。

そして最も重要な「経営×ファイナンス業界」にどうすれば入れるのか、という点についてもお伝えします。業界経験者も数少ない市場ですので致し方ないのですが、まだまだ、ネットや書籍には質の高い情報が少ないのが現状です。また、「経営×ファイナンス業界」は採用ハードルが高い企業が多いため、キャリア戦略を持たない転職は非常に危険です。とりわけPEファンドの場合、年に1、2名採用するかどうかというファームがほとんどですから、転職活動を行うタイミングにも選考可否が大きく左右されます。

しかし、本書では敢えて「キャリアはつくれる」と主張します。詳しくは第5章でお話しますが、業界全体を俯瞰しながらキャリア戦略を立てれば、未経験からでも「経営×ファイナンス」の力を実践的に鍛えあげるチャンス、あるいはこの業界に転職できる機会は十分得られます。

「現場」と「キャリアアドバイザー」の視点から

本論に入る前に、共著者について簡単な自己紹介をしておきたいと思います。

和田は大学卒業後、野村證券でリテール営業に携わった後、法人金融事業を手掛けていたGEキャピタル（2016年、米GEによる事業売却に伴い、「SMFLキャピタル」に社名変更、その後、三井住友ファイナンス&リース株式会社と合併）に転職。足掛け3年半、サービス業や製造業などの設備投資ファイナンスを手掛けた後、業界未経験・ポテンシャルで、スモールキャップのPEファンドである日本創生投資に入社しました。

日本創生投資では、代表取締役CEOの三戸政和氏のもと、約3年で8つの案件を経験。ソーシングからエグゼキューション、ハンズオン支援やエグジットなど、事業投資に関わる全てのプロセスを手掛けた後、2020年に同社を退職。現在は愛知県名古屋市に本拠地を構え、世界一働きやすい町工場ネットワークの創造を進めるセイワホールディングスの執行役員M&A責任者を務めています。セイワホールディングスでも、PEファンドで培った「経営×ファイナンス」の力を最大限に発揮し、5件のM&Aを実行しています。また、知人と共にPEファンドの立ち上げも進めています。

一方の堀江はこれまで、野村證券、ITスタートアップ、コンサルティング業界専門の転職支援会社を経て、2017年にM&A・事業再生・ファンド・プロ経営者専門の転職支援会社である「ヤマトヒューマンキャピタル株式会社」を創業。これまで約200名のビジネスパーソンを「経営×ファイナンス業界」に支援してきた実績をもちます。また、多くのPEファンドやM&Aアドバイザリーファーム幹部とのやり取りを通じて、事業承継問題を解決するためにはプロ経営者（経営人材）を輩出するエコシステムが必要だと痛感し、一般社団法人日本プロ経営者協会をPEファンドパートナーと共同で創設し、代表理事を務めています。そういった経験から、ある意味ではこの業界を業界の方々以上に俯瞰的に見させていただいている面もあると思います。

本書では、和田がPEファンドの現場での経験を通して磨いてきた「経営×ファイナンス」に関する知見。堀江が「経営×ファイナンス業界」専門のキャリアアドバイザーとして培ってきた業界のキャリア情報を交えながら、コロナ時代の新たなキャリア戦略について考えてみたいと思います。

各章について簡単な紹介をしておきますと、まず第1章でコロナショックによる社会変動とアフターコロナの働き方や雇用システム、業界再編、事業承継について考えた後、第2章で本書の主題である「経営×ファイナンス」能力について具体的に掘り下げます。第3章では「経営×ファイナンス」の能力を身に付けやすい業界として、M&Aや事業再生、事業投資を「経営×ファイナンス業界」と名付けたうえで、各業界の仕事内容や魅力についてご紹介したいと思います。また、第4章では、この業界が伸びる社会的背景を分析。そして、最後の第5章では「経営×ファイナンス業界」に入るための戦略を伝授します。

私たちのような若輩者が甚だ僭越ではありますが、若手ビジネスパーソン、とりわけ、今の環境や仕事に何かしらの不満や不安を抱えながらも次の一手が見えず悩んでいる方々に、同じ目線と価値観を持つ同世代として新たな目標と活力を与えることができれば、望外の喜びです。

目次

第2章 いま、求められる「経営×ファイナンス」能力とは？

第3章 「経営×ファイナンス業界」とは

第4章 「経営×ファイナンス業界」が伸びる社会的背景

第5章 「経営×ファイナンス業界」に入るための戦略を伝授

第1章
コロナは社会を10年進める

コロナショックをチャンスに変える

新型コロナウイルスのパンデミック（世界的大流行）は、企業、あるいは経営のあり方、そして、私たちの働き方、生き方に根本的な変革を迫っています。

コロナショックは、飲食業や観光業、運輸業をはじめとする、さまざまな業界の企業を苦境に立たせる一方で、リモートワーク・在宅勤務など「テレワーク」の導入拡大、それに伴い「ジョブ型」雇用、成果主義を推し進める強力なきっかけになりました。

新型コロナウイルスの感染拡大がある程度、落ち着きをみせたとしても、元の状態に戻る可能性は限りなくゼロに近いといっていいでしょう。

しかし、こうした不可逆的な変化を悲観する必要はありません。企業は、長年にわたって批判されながらも、ただ何となく継続してきた不合理な制度やシステムに終止符を打ち、新たな仕組みをつくりあげる好機として捉えて然るべきでしょう。

一方、ビジネスパーソンには、これまでとは全く異なる時代環境のなかで、自らのキャリアをどのように形成していくか。人生をより豊かにものにしていくためには何が求められるのか。自分自身の将来について真剣に考えるためのチャンスが訪れただけです。

本章では、コロナショックが働き方や雇用システムにもたらした変化、そして、業界再編および中小企業の事業承継に与えた影響について考察したうえで、いま、なぜ「経営×ファイナンス」能力が求められるのか。その背景についてお話したいと思います。

「働き方」が10年進んだ

まず、新型コロナウイルスの感染拡大が日本人の「働き方」にどのような変化をもたらしたのか。2016年から政府主導のもとで進められてきた「働き方改革」を振り返りながら考えてみましょう。

従来の「働き方改革」では、少子高齢化に伴う生産年齢人口の減少や、仕事と育児・介護との両立をはじめとする働き手のニーズの多様化といった背景のもと、長時間労働の是正やテレワーク、副業・兼業の奨励といった施策が進められてきました。

ただし、テレワークや在宅勤務に関していえば、大企業を中心に少しずつ導入されてはいたものの、多くの企業に浸透していたわけではありません。例えば、総務省の「情報通信白書 平成30年版」によると、テレワークおよび在宅勤務の導入率・実施率は、

2018年の時点では、従業員100人以上の日本企業2106社のうち19・1%にとどまっていました。また、その内訳をみると、在宅勤務を導入していた企業は約4割、さらにテレワークを利用している社員が5%未満の企業が約半数を占めていました。「テレワーク」という用語そのものは世間一般に浸透しつつありましたが、ほとんどの社員には無縁の制度だったのです。

リモートワークがそれほど普及しなかった背景としては、日本の雇用スタイルの中心はメンバーシップ型雇用*である点に加えて、ハンコや紙書類を前提とした仕事の仕組み、企業文化の存在や、セキュリティ対策や機器・設備の整備によるコスト増に対する懸念など、さまざまな理由が考えられますが、多くの企業は、「働き方改革」に力を入れる大企業の取り組みを横目で見ながら、その成功事例を〝右に倣え〟で取り入れていけばよいという感覚だったのです。一言でいえば、リモートワークの導入に向け、アグレッシブに取り組む必然性がなかったのです。

また、ビジネスパーソンの側でも、ゆるやかに変化していく労働環境に、自らの働き方を合わせていけば大過なく対応できると考えていた方がほとんどだったのではないでしょうか。仕事と育児・介護とを両立させている社員など、働く時間や場所に関して制約のある社員を除けば、リモートワークや在宅勤務に取り組む必要性があるとは思われていな

＊**メンバーシップ型雇用とジョブ型雇用**……メンバーシップ型雇用は別名、日本型雇用とも呼ばれ、主として新卒一括採用した従業員を転勤や異動、ローテーションを通じて長期的に育成し、定年退職まで会社を辞めずに支えるゼネラリスト社員の創出を目指す雇用の類型。会社側も安定的な雇用（終身雇用）を維持することが前提。ジョブ型雇用はジョブ（職務）が限定されており、勤務地や部署も変わることはなく、スペシャリストとして専門分野で会社に貢献してもらう雇用の類型。プロジェクト毎での雇用や、派遣契約など、雇用契約は柔軟。

かったといっていいでしょう。

しかしながら、コロナショックを契機として、従来のような〝ソフトランディング〟的な対応は不可能になりました。2020年3月の緊急事態宣言の発令とともに、多くのビジネスパーソンがリモートワークに取り組まざるを得ない状況に直面したからです。

実際、パーソル総合研究所が実施した「新型コロナウイルス対策によるテレワークの影響に関する緊急調査」によると、緊急事態宣言中の4月12・13日、東京都ではオフィスワーカーの52%、全国平均でもオフィスワーカーの27%が在宅勤務を実施していたといわれています。テレワークとは無縁だと考えていた企業が一気に動いたのです。

コロナショック以前の「働き方改革」が〝ソフトランディング〟だったとすれば、コロナショック以降のリモートワークの導入拡大は〝ハードランディング〟といっていいでしょう。緊急事態宣言が解除された後は、一定数の企業がリモートワークを縮小したという報道もありますが、半ば強制的とはいえ、多くの社員がリモートワークを経験し、そのなかで平常時と同水準のアウトプットを出すことを求められたという意味では、日本のビジネスパーソンの「働き方」は〝10年進んだ〟といっても過言ではありません。

非合理が排除され、「本当の実力」が問われる

リモートワークが一気に浸透したことで、何が変わったか。通勤や膝詰めの会議、外回り営業、出張などによって消費される時間や体力が〝非合理〟あるいは〝非生産的〟なものとして捉えられ、本質的な能力やスキル、いわば〝本当の実力〟に焦点が当たるようになったことです。

例えば、大手企業で働く30歳前後のミドルクラスの社員のなかには、場の雰囲気を盛り上げたり、〝それっぽい〟発言をしたりすることで、会議を乗り切ってきたという人が少なからず存在しました。心当たりのある方も少なくないでしょう。

しかしながら、リモート会議が当たり前になったことで、こうしたやり方は通用しなくなりました。リモート会議では場の雰囲気や空気感は伝わらないので、ノリやキャラクターによるゴマカシは効きません。また、議事録による文字ベースでの情報共有が基本になるため、「会議をうまくファシリテーションしているが、本質的な発言を一切していない」といったことが白日のもとにさらされてしまいます。

一般的には〝頭脳〟を売っていると思われている、コンサルティング業界でも事情はそ

れほど変わりません。コンサルタントといえども、これまでは人間関係によって成り立っている部分が小さくありませんでした。マネージャーが会議をうまく運営するなかで、適切な意見を出せるかどうかが腕の見せ所だったのです。

ところが、リモートワークが浸透した今日、数十分おきに設定される会議のなかで、案件の本質を理解し、文字ベースでみても本質的な意見を出せなければ、高い評価を受けることはできません。対人関係のスキルやコミュニケーション能力はさることながら、コンサルタントとしての真の実力に焦点が当たるようになったのです。

リモートワークの普及とともに、会議は短時間のものとなり、その頻度はますます増えています。組織として処理可能な情報量が増える一方、ビジネスパーソンにとっては〝本当の実力〟を試される機会はますます増えているといっていいでしょう。

〝ハードランディング〟によって仕事の仕方が一気に変わり、これまで重要視されていた能力やスキルが活かせなくなったという意味では、大変な思いをされている方も少なくないのかもしれませんが、〝非合理〟な働き方を一掃し、生産性を飛躍的に高めるための千載一遇のチャンスであることは間違いありません。若手ビジネスパーソンには、自らの仕事にとって本質的な能力やスキルを見極めたうえで、実力に磨きを掛けていくことが求められているといえるでしょう。

実力さえあれば、ワーク・ライフ・バランスは必然

コロナショック以前から進められてきた「働き方改革」では、仕事と生活の調和、すなわち「ワーク・ライフ・バランス」が一大テーマとして取り上げられていました。

端的にいえば、実力のあるビジネスパーソンにとって、「ワーク・ライフ・バランス」は当たり前の存在になります。

コロナショックの影響を受けてリモートワークが浸透した今日、会社に出勤し、長時間働くことで評価される世界は終焉を迎えつつあります。必要な会議に参加して、クリティカルな意見を出せるか否か。質の高いアウトプットを出せるか否か。一言でいえば、成果を出せるか否かだけが問われるわけですから、実力のある人が「ワーク・ライフ・バランス」を取りやすくなるのは当然のことでしょう。

ただし、就職・転職の際の会社選びには、最大限の注意を払う必要があります。

先ほど少し触れたように、緊急事態宣言が解除された後、リモートワークや在宅勤務を縮小した企業が少なからず存在しています。

今後、仕事選びの軸になる要素として、収入や仕事内容に加えて、テレワークを含めた

働き方の自由度の有無が加わるでしょう。適切な目標設定、KPI*設定のもと、リモートで仕事をする部下のパフォーマンスを正当に評価できるマネジメント層が存在するかどうかも、会社選びの重要なファクターになるはずです。

逆に、企業の観点からすれば、働き方の変化に合わせて、評価の体系を柔軟に変えることができなければ、優れた人材を確保・定着させることは難しくなります。いま、変わることのできない会社は遠くない将来、淘汰されていくはずです。その意味でも、若手ビジネスパーソンにとっては、個として自立するための能力を身に付けておくことがますます重要になるのです。

「雇用システム」が10年進む

テレワークの浸透は、「雇用システム」の変化の大きなきっかけになります。日本型経営の本質的な要素として語られてきた「終身雇用制度」の崩壊は、いまや不可避といっていいでしょう。

「終身雇用制度」に関しては、戦後、人手不足に悩む企業を中心に次々と導入され、日

＊ KPI……Key Performance Indicatorsの略。日本語に訳すと重要業績評価指標。最終的な目標に対して、達成度合いを評価する評価指標であり、目標達成に向けたプロセスにおける達成度を把握し評価するための「中間目標」として使われる。例えば営業会社において売上高が最終目標であれば、KPIは電話件数→アポ件数→訪問件数→商談件数→成約件数→売上高、のようになる。

本の高度成長を人材面から強力に支える役割を果たしました。

しかしながら、バブル崩壊と、それに続く〝失われた20年〟の間、一部の大企業を除き、終身雇用制度を維持する余裕はなくなりました。総務省「労働力調査2019年」によると、コロナショック直前の2019年の転職者数は過去最多の351万人に上ったほか、大手求人サイト等の調査では、社会人の半数以上が転職を経験したことがあるという結果が出ていることからもわかるとおり、新卒で雇用された人が、定年まで同じ会社で働き続けることは非現実的になりました。

その意味では、終身雇用制はコロナショック以前から、既に崩壊しつつあったとみて然るべきですが、リモートワークの浸透が従来型の「雇用システム」の息の根を止めることは間違いないでしょう。ビジネスパーソンにとっては、新たな雇用システムのなかで、いかにして自らの能力・スキルに磨きをかけ、どのようなキャリアを築き上げていくか、この先長く続く職業人生を左右する選択が迫られています。

「メンバーシップ型」から「ジョブ型」へ

終身雇用制の崩壊とともに、雇用システムはどのように変化していくのでしょうか。まず、考えられるのは、従来型の「メンバーシップ型」雇用から、欧米型の「ジョブ型」雇用への転換です。

「メンバーシップ型」雇用とは、一言でいえば、〝人〟に対して〝仕事〟を割り当てる雇用形態です。まず、終身雇用を前提として、職務を限定することなく、幅広い人材をポテンシャルで採用。入社後はジョブローテーションによって、さまざまな業務・ポストを経験させることで、ゼネラリストを育成していく仕組みです。

「メンバーシップ型」雇用の特徴に関しては、終身雇用を前提に、長期的な視野に立った人材開発を行える点や、雇用の安定性を担保できる点などがメリットとして挙げられる一方、仕事の成果ではなく、労働時間に対して対価を支払うことが想定されているために、長時間労働に陥りやすい。あるいは、社員のスキルと仕事内容のミスマッチが起こりやすく、生産性が上がりにくいといったデメリットが指摘されています。

一方、「ジョブ型」雇用は、〝仕事〟に対して〝人〟を割り当てる雇用形態です。職務内容を明確にし、「職務記述書（ジョブ・ディスクリプション）」を提示したうえで、専門的な能力、スキルを持った人材を社内外から募り、雇用します。必要な能力を明確にして雇用契約を締結するため、人事評価は時間ではなく、成果を基準にして行われるのが一般的です。

「ジョブ型」雇用はこれまでも、高度なスキルや専門的な知識を持った人材を確保し、企業が競争力を高めていくうえで効果的な手法として注目を浴びてきたものの、人件費のコスト削減を図るケースや、世界共通の等級制度の確立を図るグローバル企業を除き、「ジョブ型」雇用の導入はなかなか進みませんでした。しかし、「メンバーシップ型」雇用から「ジョブ型」雇用への転換の流れは今後、一気に加速していくはずです。

その理由の一つは、前段で述べたテレワークの急速な浸透にあります。テレワークは、ＩＣＴ（情報通信技術）の活用により、時間や場所の制約を取り払い、いつでも、どこでも働けるようにする仕組みです。働き方の自由度を高め、緊急事態宣言下など、いかなる状況においても事業の継続が可能になる反面、上司にしてみると、労働時間や仕事の進捗状況を管理しにくい側面があります。つまり、テレワークを進めるうえでは、労働時間に対して対価を支払う「メンバーシップ型」雇用よりも、成果に対して対価を支払う「ジョブ型」雇用の方が、親和性が高いのです。

また、大企業では2020年から、中小企業では2021年から「同一労働同一賃金」ルールが導入され、同じ仕事に就いている場合には、正規雇用も非正規雇用も関係なく、同じ賃金が支払われることになりました。

指摘するまでもなく、この「同一労働同一賃金」ルールと相性がいいのは「ジョブ型」雇用です。新入社員をポテンシャル採用する点や、ジョブローテーションによって育成を図る点、時間に対して対価を支払う点など、「メンバーシップ型」雇用には、「同一労働同一賃金」との両立が難しい部分が少なくないからです。

こうした観点からも、「メンバーシップ型」雇用から「ジョブ型」雇用への転換に向けた流れが今後ますます加速することは確実といっていいでしょう。

大げさに聞こえるかもしれませんが、「来年度から我が社は新卒採用をやめる。人材はスペシャリストを中途で確保し、雇用システムは『ジョブ型』に変える」――。業界のリーディングカンパニーがそう宣言した瞬間に、他企業も一気に追随し、「ジョブ型」雇用が急速に浸透するはずです。そして、その日は明日かもしれません。

自律的かつ継続的なキャリア形成を

「メンバーシップ型」雇用から「ジョブ型」雇用への転換が進みつつある今日、若手ビジネスパーソンがアフターコロナの時代をサバイブしていくために求められることは何でしょうか。

「ジョブ型」雇用のもとでは、何よりも成果を出し続けることが求められます。能力やスキル、経験によってポジションや報酬を選択できる反面、自律的かつ継続的にスキルを引き上げることができなければ、キャリアアップは望めません。だからこそ、自らの将来をしっかりと見据えながら、キャリアを主体的に形成していく必要があるのです。

ただし、これは「メンバーシップ型」雇用に慣れている大多数の日本人にとって、それほど容易な課題ではありません。大手企業に総合職として入社した、いわゆる〝キャリアエリート〟も、その例外ではありません。

例えば、ある大企業が「ジョブ型」雇用を導入するとしましょう。そのとき、一つの会社でキャリアを積み上げてきた総合職の方々はどのような状況に置かれるでしょうか。おそらく次のような感じではないでしょうか。

「ジョブローテーションによって、さまざまな分野の知見を身に付け、それなりの収入も得てきた。でも、胸を張って専門家といえるほどのスキルがあるわけでもないし、一つの分野に精通しているわけでもない」――。なかなか心穏やかな状態でいられないことは確かでしょう。

こうした状況に陥ったときに、精神の安定性を保てるか否かというのもキャリア形成のポイントの一つだと思うのですが、いずれにせよ、一つの会社に寄り掛かって一生を過ごすという働き方は、ますます考えづらいものになっていきます。

いかなる事態に直面してもサバイブしていけるよう、複業やパラレルワークなど、さまざまな機会を活かしながら、時代環境の変化に左右されにくい、汎用的なスキルを身に付けておく。これこそまさしく、アフターコロナの時代において自立的なキャリアをつくりあげていくための最適な戦略といっていいでしょう。

プロジェクトに呼ばれる人間になれ

「ジョブ型」雇用の浸透とともに〝会社ベース〟の仕事よりも、プロジェクトの実現に必要な能力・スキルを持った人材を社内外から集めてチームをつくる〝プロジェクトベース〟の仕事が増えていくことが予想されます。

そのなかで若手ビジネスパーソンが活躍する方法は、大きく分けて二つあります。一つはプロジェクトを発案する人材になること。もう一つは、プロジェクトに呼ばれる人材になることです。自分が起業家タイプだと思う人は前者の道を、そうでないならば後者の道を選択するのが賢明でしょう。

「プロジェクトに呼ばれる人間」については、さらに2つに分けることができます。一つは専門的な分野の高度なスキルと知見、そして経験を兼ね備えたスペシャリスト。もう一つは、プロジェクトの経営ができる人材、すなわち「経営×ファイナンス」の能力に長けた人材です。

その内容がいかなるものであれ、事業計画を策定し、予算を管理しながらプロジェクトをスムーズに回し、目標達成にまで漕ぎ着けるには、経営やファイナンスの知見がある人材が欠かせません。その意味で「経営×ファイナンス」は汎用的なスキルであり、「ジョブ型」雇用が一般化するアフターコロナの時代に置いて、最も欠かすことのできない力の一つです。

「業界再編」が10年進む

ご存知のとおり、コロナショックはアパレルや製造業、運輸など、さまざまな業界にリーマンショック以来の深刻なダメージを与えています。

例えば、国内外を問わず、コロナショックの影響を受けて経営破綻を余儀なくされた企業が増加。米国では2020年3月以降、アパレルのJクルーやブルックス・ブラザーズや百貨店のニーマン・マーカスなどが相次いで破綻したほか、日本でも、アパレル大手のレナウンが経営破綻、民事再生も断念し、破産手続きが進められています。

東京商工リサーチの調査では、2020年8月19日現在、新型コロナウイルスに関連して倒産した法人・個人事業主は全国で421件。業界は、アパレルや飲食、ホテル・旅館、建設・工事業などさまざまです。本来であれば、とうの昔に破綻し、淘汰されていたはずが、超低金利での資金調達によってなんとか生き永らえてきた企業が、コロナウイルスにとどめを刺され、退場を余儀なくされている印象です。

また、倒産に至らずとも、窮地に陥っている企業は少なくありません。早期・希望退職を募集したり、給与カットを行ったりする企業も急増しています。

東京商工リサーチの調査によると、2020年上半期に早期・希望退職を実施した上場企業は41社で、既に2019年1年間の35件を上回っています。東京商工リサーチによると、これはリーマンショック後の2010年上半期以来、10年ぶりのハイペースです。

このように新型コロナウイルスは、幅広い産業に深刻なダメージを与えつつありますが、これが危機的なものとなるのは、2020年末以降でしょう。

現時点では政府による資金繰り支援策や、政府系金融機関等による特別貸付を活用してなんとか持ちこたえている企業が少なくありませんが、コロナショックの影響を受けて下がった売上を元の水準以上に引き上げることができなければ、融資の返済すらままならなくなり、遅かれ早かれ、経営は行き詰まってしまいます。また、特例制度によって猶予されている税金の支払いが再開すれば、苦境に陥る企業がこれまで以上に増えるのは間違いないでしょう。

先行きの見えない非常に厳しい状況が続くなか、今後、さまざまな業界で生き残りを賭けた大再編が展開されるはずです。相次ぐ破綻企業の存在を考えみても、M&Aによる大再編時代の到来を考えてみても、1社に依存する生き方は限界を迎えているのは明らかです。

若手ビジネスパーソンには、複数の会社で仕事をすることを通して、より汎用的なスキルを身に付けるなど、自らの力でキャリアを築いていくことが求められているといえるでしょう。

「事業承継」が10年進む

本章ではコロナショックによって引き起こされる一大変化として「働き方」「雇用システム」「業界再編」についてお話してきました。最後に取り上げるのは、中小企業の「事業承継」です。

もとより「事業承継」の重要性については、団塊世代の経営者の平均年齢が2017年に70歳に到達するということで、ずいぶん前から指摘されてきました。にもかかわらず、この課題に対する解決の目処は全くついておらず、経営者の高齢化は確実に進行しています。

中小企業庁が2019年11月に発表した「中小企業・小規模事業者におけるM&Aの現状と課題」によると、2025年までに70歳を超える中小企業・小規模事業者の経営者は約245万で、その約半数に当たる127万人は後継者が決まっていません。そして、現状を放置すると、近い将来、廃業が急増し、約650万人もの雇用が失われる可能性すらあるといわれているのです。

しかし、なぜ、事業承継はなかなか進まないのでしょうか。その理由は、経営者の立場に立って考えてみれば想像できます。

経営者からすると、事業承継の重要性については頭では理解していたはずです。しかし、親族や身内に後継者がいない中、実際に外部に会社を売却するとなると、なかなか決断できないものです。0（ゼロ）から創業し、仲間たちと一緒につくりあげてきた会社を他人に売却・譲渡することにはためらいを感じるというのは、ごく自然な感覚でしょう。

コロナショックは、「会社を売却・譲渡する前に破綻してしまうかもしれない」という危機感を与えたという点でこうした状況を一変させました。

敢えていえば、なかなか踏ん切りのつけられない経営者の背中を押し、ちょうどいい「やめどき」を提示した。こうした状況になれば、もともと営業に来ていたM&A仲介会社の担当者に相談してみようと思うのは当然でしょう。

また、M&Aによる事業承継が成立しやすい環境も整っています。中小企業・小規模事業者の経営者の意識の変化とともに、売り案件は急増し、売り手企業の企業価値は適正化されます。加えて、リーマンショックとは異なり、コロナショックが金融危機ではなかったことも、事業承継の加速化させるきっかけになっています。景気は悪化したものの、PEファンドや成長意欲の強いM&A巧者の事業会社の買収意欲はそれほど弱まっていないのです。むしろ、これまで意思決定いただけなかったオーナーが譲渡の意思を固め、高すぎたバリュエーションも適正化され、投資しやすい環境になっています。こうした環境に支えられて、M&Aによる事業承継は今後も増加し続けるはずです。

M&Aによる事業承継の増加は、若手ビジネスパーソンにとって何を意味するのでしょうか。それは起業でもなく、組織の階段を昇り詰めるでもなく、事業承継により経営者になるという第3の選択肢の出現です。昨今話題の個人M&AもそうですしPEファンドの投資先の社長になるというキャリアがどんどん一般的になるでしょう。その有力な候補者が2章でお話する「経営×ファイナンス」の能力を身に付けた人材です。M&Aによって譲渡された会社の経営を担うチャンスも生まれます。つまり、サラリーマンという枠組みを取り払い、はたまた起業でもないミドルリスク・ミドルリターンのキャリアの可能性が広がります。

アフターコロナでニーズが高まる「経営×ファイナンス」能力

本章では、新型コロナウイルスの感染拡大が社会・経済にもたらした変化として、「働き方」「雇用システム」「業界再編」「事業承継」を取り上げ、コロナショックがこうした変化を〝10年〟先取りする機能を果たしたこと、そして、若手ビジネスパーソンのキャリア形成に与える影響について、お話してきました。

アフターコロナの時代には、いかなる時代環境でも生きていける、自立的なキャリアの形成がますます重要になるということ。それには、一つの会社に頼ることなく、主体的にキャリアをつくり上げる必要があるということ。そして、事業承継を論じた部分でお話したように、キャリアの可能性を大きく広げるためには「経営×ファイナンス」の能力が非常に有効な戦略の一つであるということです。

章をあらためて「経営×ファイナンス」能力についてじっくり考えてみたいと思います。

第2章

いま、求められる「経営×ファイナンス」能力とは?

ゲームに勝つための「定石」を学ぶ

本章では若手ビジネスパーソンがアフターコロナの時代を生き抜くために必要な能力、すなわち「経営×ファイナンス」能力について考えてみたいと思います。

この能力が求められる社会的な背景については第1章でもお話ししましたが、「経営×ファイナンス」がきわめて重要なのは、それが資本主義社会の中核的な仕組みに深く関わっているからです。

スポーツでも、将棋やチェスなどのゲームでも何でも同じですが、試合に勝ち続けるためには、そのゲームのルールや仕組み、そして、有名無名のプレーヤーたちの試行錯誤によって蓄積されてきた勝ち筋、すなわち「定石」を学ばなくてはなりません。ビジネスも同様です。

アフターコロナの時代においても資本主義が続く以上、この世界をサバイブするためには、資本主義の定石を学ぶ必要があります。資本主義のルール、その発展を支える株式会社の仕組み、そして、株式会社を動かす経営の勝ち筋を覚える必要があるのです。この定石こそまさしく、私たちがこれからお話する「経営×ファイナンス」です。

このコンセプトの具体的な中身については後ほどお話しますが、「経営×ファイナンス」は、資本主義の定石として、株式会社がその中核的な仕組みである限り、いつでも、どこでも通用する汎用的な能力です。

資本主義市場のトレンドは時代とともに移り変わり、古くは不動産やIT、最近ではAIなど、経済をリードする産業も入れ替わっていきますが、「経営×ファイナンス」の重要性が減じることはありません。会社ベースでも、プロジェクトベースでも、マネジメントする人材が不可欠だからです。

「経営×ファイナンス」の習得が、自立的なキャリア形成につながる理由は、ここにあります。

「経営×ファイナンス」の身に付け方を考えるうえでも、ゲームの比喩が役立ちます。

スポーツやゲーム、芸事の上達の秘訣は、達人を〝真似る〟ことだといわれています。達人の技を盗み、自由自在に再現できるようにする。それを我がものとしたうえで、独自の型を生み出していく。〝真似る〟というと語弊があるかもしれませんが、達人の立場に自らの身を置き、実践しながら身に付けるという点では、ビジネスも同じです。

では、資本主義の定石を知り尽くしているプレーヤーは誰でしょうか。それは、資本主義の中心で生きている人たちです。所有する株式や不動産から得られる配当などの収益（インカムゲイン）や、資本の値上がり益（キャピタルゲイン）によって稼ぎを得る「資本家」「投資家」、そして、資本家や投資家から預かった資本を活用しながら組織を動かし、数々の事業機会を捉えることで、資本を増殖させる役割を担う「経営者」です。

第1章でお話したように、コロナショックによって「事業承継」が10年進んだことにより、資本家・投資家・経営者になりやすい時代が到来しています。日本創生投資代表取締役・三戸政和氏が『サラリーマンは３００万円で小さな会社を買いなさい』（講談社＋α新書）や『資本家マインドセット』（幻冬舎）で提唱したように、資本家・投資家・経営者として生きるチャンスは大きく広がっているのです。

ただ、いきなり資本家や経営者として転身を図ったとしても、組織を丸ごと動かせるスキルや経験がなければ長続きしません。そこで、「資本家」「投資家」「経営者」の立場に身を置き、彼らの業務やマインド、ノウハウを学ぶことで、資本主義の定石を自分のものにする。コロナショックによって生まれたチャンスを自らのキャリア形成に活かす発想が大切なのです。

資本家・投資家・経営者の視点を身に付けろ

厚生労働省によると、2020年8月14日現在、新型コロナウイルスに関連して解雇、雇い止めを受けた人は、見込みを含めて4万5、650人に上りました。こうした報道からもわかるように、アフターコロナの時代に入って、サラリーマンを続けるという選択、すなわち、一つの組織に属し、組織のために一生懸命働くことを志向することは、ますますリスキーになっています。

サラリーマンは〝絶滅〟するという向きもありますが、現時点では、労働者による剰余価値の創造というプロセスを抜きにしては、資本主義社会は回りませんから、サラリーマンという存在がいなくなることはないでしょう。

ただ、ＡＩやＩｏＴ、ロボット技術が発展・普及し、業務の効率化、省人化が進めば、人手はますます不要になります。替えのきかない、絶対的なスキルをもっているのでもないかぎり、給料が大幅に上がることもありません。こうした状況を考慮すれば、サラリーマンを〝絶滅危惧種〟として捉えるのは大げさでもなんでもなく、リアリティのある見方といっていいでしょう。

そもそもサラリーマンとは何かといえば、自分の時間を切り売りすることで得た給料、すなわち時給で生活する存在です。時間は有限ですから給料には自ずと天井がありますし、もとよりその給料はといえば、勤めている会社の販管費から支払われるので、稼ぎが爆発的に増えることはありません。また、他人の時間を組み合わせてレバレッジを効かせることもできないので、どんなに優秀なエリートでも、サラリーマンでいる限りは一生、自分の時間を切り売りするほかありません。

一方、純然たる投資家であれば、所有する株式や不動産などの資本が稼いでくれるので、自分の時間を切り売りする必要はありません。資本家も同様です。「経営×ファイナンス」能力によって、オーナーを務める会社を成長させることができれば、株式の価値は蓄積的に上がっていきます。他人の時間を組み合わせることで、お金を爆発的に増やすことができるのです。

経営者に関しては、雇われ経営者である限りは、サラリーマンと同様に自分の時間を切り売りして働くことになりますが、業績に責任を負いながら、マネジメントによって集団を動かすため、サラリーマン従業員に比べれば稼ぎは圧倒的に多くなります。加えて、ストックオプションや業績連動給与が付与されやすいという特徴もあります。また、オーナー経営者であれば、資本家としての側面も併せ持つことになります。

サラリーマンと資本家・投資家・経営者――。どの道を志すかは、価値観や嗜好、現時点での能力や経験によって異なるでしょうし、一人ひとりが自由に選択して然るべきだと思いますが、もし将来的に、資本家や投資家、経営者として生きていきたいという気持ちが少しでもあるのなら、今すぐにでも「経営×ファイナンス」能力を身につける行動を開始してください。その選択は早いに越したことはありません。

「経営×ファイナンス」能力の因数分解

ここからは「経営×ファイナンス」能力の具体的な中身についてお話しします。

これまでの話で、「経営×ファイナンス」能力が、組織やプロジェクトを丸ごとマネジメントする能力であること、組織に頼らない、自立的なキャリアを形成するために必要な能力であること、資本家・投資家・経営者として生きるために欠かせない能力であることはご理解いただけたと思いますが、それがどのような力によって成り立っているのか。若手ビジネスパーソンが身に付けるべき力を明確にするためにも〝因数分解〟をしてみたいと思います。

経営力は「人間力」「コミュニケーション能力」「胆力」「グリット力」「事業計画策定力」等に、ファイナンス力は「係数理解力」「エクセル力」「財務会計力」「資金調達力」等に分解することができます。

もちろん経営もファイナンスも、非常に幅広い概念ですし、そのなかで「何が重要か？」と問われれば、「すべてが大事」としか応えようがありません。したがって、ここに挙げた項目は、資本家や投資家、経営者の業務を経験するうえで優先的に身に付けておかなくてはならない必要条件であり、「経営×ファイナンス」能力を実戦の場で鍛えていく際に強く意識すべき要件として捉えていただければ結構です。

経営に必要な「人間力」とは

非常に幅広く、それ自体、因数分解できてしまうので難しいところではありますが、経営には「人間力」が欠かせません。ここでいう「人間力」の基本は、人に好かれ、「この人にならついていきたい」「この人と一緒に仕事がしたい」と思わせる力、そして、相手の立場に立って物事を考える力です。リーダーシップという概念も「人間力」に含まれます。余談ですが、某PEファンドではこの能力のことを「チャーム」と呼んでいます。

例えば、買収した中小企業のハンズオン支援に着手する際には、できるだけ多くの社員と膝詰めで面談します。会社が買収されたことに対する不安を和らげたうえで、なぜ買収したのか、その理由や目指すべき方向性についてお話しするのですが、相手と同じ目線に立ち、相手の気持ちを汲み取りながらコミュニケーションを取ることができなくては、「新しい環境でこれから一緒に頑張っていこう」という気持ちにはなってもらえません。

その結果、ハンズオン支援による経営改善が期待通りにいかない可能性もあります。人間力などロジカルではないし、意味がないと思われる方もいらっしゃるかもしれませんが、「経営」においてはきわめて重要な要素なのです。

この「人間力」の源泉は、やろうとしていることへの「本気度」と「本音」にあると考えます。目的をどこまでピュアに追求し続けているか。その「情熱」がつねに問われているのです。よって、そもそも「事業が好き」であることも大事です。事業に興味が持てなければ本気になることは難しいからです。

そして、つねにポジティブであることも「人間力」の重要な要素です。ここでいう「ポジティブ」とは、単に前向きで明るいというだけでなく、困難を乗り越えてきた経験や、課題解決のノウハウが元となっているポジティブさです。本当に苦労し、それを解決してきた経験があるからこそ、多少のことでは動揺せずにどっしり構えることができる。こうした深みが人を魅きつけ、動かすのです。

「人間力」に関しては、これまでの人生で総合的に積み重ねてきた経験や、個々人の性格、価値観によるところも大きく、また、確たる正解があるわけでもないので、鍛えるということが難しいのも確かです。ただ、最低限、人格的に成熟していなければ、「経営」に長けた人材になるのは難しいですし、どこかでつまずいてしまいます。

〝聖人君子〟である必要はありませんが、自己中心的な欲望が強すぎる人や、利己的な人、事業そのものやそこで働く人に興味を持てない人には「経営」における「人間力」を高めることは難しく、そもそもそういった価値観ですと適性がないと思われますので、違うフィールドで能力を発揮される方が良いかと思います。

パナソニック創業者の松下幸之助さん、京セラやKDDI創業者の稲盛和夫さん、ソニー創業者の盛田昭夫さん――。こうした伝説的な経営者を思い浮かべてください。現場を大切にできる人、世のため人のために貢献することを楽しめる人、事業そのものが好きな人の方が「経営者」には合っている。教訓めいたことをいいたいわけではありませんが、これは厳然たる事実です。

本質的な「コミュニケーション能力」

とりわけ中小企業の経営は本質的な「コミュニケーション能力」なくしては成り立ちません。

ここでいうコミュニケーション能力とは、当然のことながら、いわゆる〝陽キャ〟であるとか、空気を読んで場を盛り上げるとか、表面的なものではなく、もっと本質的なものです。

まず、相手に興味を持ち、相手のことを知りたいと思えることが大切です。相手に興味を持つことができなければ、適切なコミュニケーションはできません。ここでいう興味とは仕事上のみならず、プライベートも含みます。日本においては、多くの企業がウェットな人間関係によるコミュニケーションが中心ですので、それ自体も楽しめることが非常に大事です。この点は能力というよりも価値観が大きいでしょう。そのうえで、相手に対して自らのバックグラウンドを開示し、少しでもお互いの共通点を探したり、親しみを持ってもらえるように努力したりすること。そして、相手のニーズを汲み取り、それに沿った経営方針や意図を伝えること、適切なフィードバック等を通じて信頼関係を構築していくことが、本質的なコミュニケーション能力であると考えます。

例えばPEファンドなどにおいて、知らない業界の企業に投資をしたときは、素人であることを正直に話すとともに、「この業界をもっと知りたい」というスタンスをきちんと示し、投資先の社員に教えてもらいながら知識を深めていく。さらに、飲みニケーションを含めて、投資先の従業員と仲良くなる一方で、ときには〝嫌われる勇気〟をもって経営サイドとして譲れない要望を伝えたり、改善を促したりしながら、痛みを伴う改革を確実に実行する。従業員をモチベートしながら動かす能力が求められます。

こうした能力は特別なものではなく、できる人には自然に、当たり前のようにできるのですが、苦労する人も少なくないようです。あくまでも一例としてですが、戦略コンサルファームや投資銀行等のプロフェッショナルファームでキャリアを積んだ人のなかには、曖昧さを徹底的に排除するクセがついているためか、過度に本質を追求したり、現場の従業員をロジカルに詰め過ぎたりする人もいます。

具体的なやりとりを例として挙げると、KPI*の進捗状況が話題になったときに、現場の社員が「おおむね達成しています」と応えようものなら、「それは何%ですか？100%達成できていない理由はなんですか？いつまでにできますか？」という具合に詰めていってしまうケースがあります。

＊ KPI（再掲）……Key Performance Indicatorsの略。日本語に訳すると重要業績評価指標。最終的な目標に対して、達成度合いを評価する評価指標であり、目標達成に向けたプロセスにおける達成度を把握し評価するための「中間目標」として使われる。例えば営業会社において売上高が最終目標であれば、KPIは電話件数→アポ件数→訪問件数→商談件数→成約件数→売上高、のようになる。

もちろん、曖昧さを排除することは大切ですし、きちんと詰めた方が瞬間的なバリューは上がるかもしれませんが、こうしたコミュニケーションによって現場の社員がやる気をなくしたり、萎縮してしまったりすれば、業績におけるトータルのバリューは下がってしまいます。常に相手の立場に立って物事を考えながら、結果を出し続けることが求められているのです。

絶対に逃げない「胆力」

「胆力」も経営に欠かせない要素の一つです。ここでいう「胆力」とは、厳しい状況に直面しても「絶対に逃げない」力を指します。経営に取り組む過程では、大小含めてさまざまなトラブルに直面します。日々、厳しいことばかり起きるというのが正直なところでしょう。その一つひとつに真正面から向き合い、後回しにすることなく、スピーディに解決していく。当たり前といえば当たり前なのですが、〝言うは易く行うは難し〟で、なかなかできない人が多いです。

例えば、買収した会社の業績が悪化した場合、こちらから銀行に連絡し、説明をするべきであるのに、「アポイントの調整を後回しにしてしまう」というようなことがしばしば起こります。こうした仕事はネガティブで、何を突っ込まれるかわからないため、心理的なハードルが働き、「アポの電話は明日にしよう」、あるいは「次の四半期まで報告を延ばせば業績は回復しているかも?」といった具合に自分の中で正当化され、手が動かなくなります。

ところが、そんな時に限って銀行から「直近の業績はどうなっていますか?」という電話がかかってきて、気まずく回答し、「なんで早く教えてくれなかったんですか!」と信頼を損ねることになります。「胆力」のある人なら、こうした事態を招く前に課題解決に取り組んでいるでしょう。

今日できることを明日に回すのも〝逃げ〟の一つです。「あと5分頑張れば、今日できるのに」という仕事を明日に回してしまうような〝逃げ癖〟のある人は、ハードな交渉事に臨んだときに、後手後手を踏んでしまう。〝逃げ癖〟がついている人は、一事が万事で、あらゆる場面で遅れがどんどん積み重なってしまいます。

読者の方にも、ご自身の仕事で何となく思い当たるふしがあるのではないでしょうか(ちなみに筆者にはあります。先の銀行報告の例は実体験です)。筆者の自戒も込めておりますが、心当たりのある方は、自分には逃げ癖があることを自覚し、意識的に改善するよう努めることが大切です。

最後までやり切る「グリット力」

「胆力」が課題を真正面から見据えて、逃げずに解決に取り組む力だとすれば、「グリット力」は「最後までやり抜く力」です。

「グリット（GRIT）」のコンセプトを提唱した、米国ペンシルベニア大学のアンジェラ・ダックワース教授は、人生で成功を収めるためには知能指数（IQ）や持って生まれた才能ではなく、難題に粘り強く取り組み、やり抜く力だと主張します。「経営」においては、ロングタームのプロジェクトや、面倒くさい作業を投げ出すことなく、しっかりやり切るために「グリット力」が求められます。

「グリット力」を鍛えるためには、少しずつでもグリット力を発揮する経験を積むしかありません。すなわち、会社の経営やプロフェッショナルファームでのプロジェクト等、自分自身で何とかしなければならない環境や、言い訳が一切通用しない環境、逃げられない環境に身を置き、それをやり切ることが必要です。つまり、「グリット力」を高めるためには、厳しい環境に敢えて飛び込み、そこで踏ん張れるかどうかにかかっています。何度も冷や汗をかきながら、また、無数の失敗にめげることなく挑戦を続け、プロジェクトをやり切る経験を積み重ねることが大切です。

ビジョンを描く「事業計画策定力」

「事業計画策定力」は、ビジョンを描く力と、そのビジョンを社員と適切に共有する力です。経営者は、会社が進むべき方向を示し、実行においてもその船頭となるべきということは皆様にも同意いただけるでしょう。ビジョンが明確になると、社員のエンゲージメントやモチベーションの向上につながり、組織として強くなることができます。そのためにも、適切なビジョンを描き、それを社員と適切に共有する力が欠かせません。

ビジョンは中長期の抽象的なものから、短期の具体的なものにブレイクダウンしていきます。例えば、愛知県名古屋市に本社を置く株式会社セイワホールディングスは製造業のM&Aを積極的に進めていますが、その背景となっているビジョンは「世界一働きやすい町工場ネットワークを創造し、顧客に最適な提案をする」というものです。

このビジョンを達成するために具体的な戦略（M&Aや営業、購買、人事の戦略）に落とし込み、計画を作成しています。そして、従業員にもこのビジョンを共有することで、本社でM&Aを進めている背景や、職場環境の改善を進めていることが理解されますので、会社に対する帰属意識も高まり、業績に良い影響があります。ビジョンには組織の方向性を明確にするとともに、一体感を醸成する働きがあるのです。

注意すべきは、ロジカルであることにこだわり過ぎると、柔軟かつ自由な発想ができなくなり、小さくまとまってしまうことです。例えば、「現状の営業部隊の人数からすると、これくらいの計画でやらないと現場に無理を強いてしまいます」といった意見があったとして、「それでは営業は外注できないか？」ですとか、「計画を前倒しして採用できないか？」など、さまざまな可能性まで考えられていないと、組織はついてこないのです。コンサバティブな計画をつくることも必要ですが、常に機転を利かせながら、組織の可能性を広げられるようなビジョンを描く力が必要です。

ファイナンス力は座学と実戦で磨く

ここまでは「経営×ファイナンス」の「経営」の部分を構成する力についてお話してきました。本節では「ファイナンス力」についてお話してみたいと思います。

「ファイナンス力」を構成する要素としては、財務三表である貸借対照表、損益計算書、キャッシュフロー計算書の数字の経営的な意味を読み解いたり、財務三表を分析して経営改善の提案を行ったりする「係数理解力」「財務会計力」、数値的な事業計画や財務モデルを構築する「エクセル力」、企業の資金を適切にマネジメントする「資金調達力」が挙げられます。

「ファイナンス力」の基本的な部分は座学、すなわち書籍やインターネット、動画などで学ぶことができます。「ファイナンス」の課題には多くの部分では学問的な答えが用意されており、決まった手順を確実に踏めば正解にたどり着くことができますし、勉強すればするほど知識を増やすことができます。また、ファイナンスはビジネスパーソンが興味を持っている分野だけに、優れた書籍や学習方法も数多く存在していますので、「経営」に比べて自主的に鍛えやすい分野といっていいでしょう。

〈参考書籍〉

・財務3表一体理解法（朝日新書）　国貞克則

ファイナンスの基本となる財務3表（貸借対照表、損益計算書、キャッシュフロー計算書）の繋がりが理解できる名著。金融機関やPEファンド従事者の多くがこの書籍を活用している。

・MBAバリュエーション（日経BP実戦MBA2）　森生明

会社の値段の決め方の基礎が学べる本。本書で基礎的な考え方を学んだ後に実務を行うことにより、バリュエーションが使える力となっていく。

・道具としてのファイナンス（日本実業出版社）　石野雄一

エクセルを活用した実践的なファイナンスの入門書。現在価値の考え方や、投資評価などの基礎を一通り学ぶことができる。

・会社売却とバイアウト実務のすべて実際のプロセスからスキームの特徴、企業価値評価まで（日本実業出版社）　宮崎淳平

M&Aの実務に関して基礎から応用まで網羅的に学べる本。特に、M&Aや投資ファンド実務に携わる方には必読の名著。

・起業のエクイティ・ファイナンス――経済革命のための株式と契約（ダイヤモンド社）　磯崎哲也

ベンチャーやベンチャーキャピタルといった少し違う視点からのファイナンスが学べる他、投資ファンドの契約やストラクチャーも学べる名著。

・日本のLBOファイナンス（きんざい）　日本バイアウト研究所

LBOファイナンス（企業買収のための融資）に関して基礎から応用まで最も詳細に学べる本。レンダーとボロワー両者の視点から書かれており、現役で実務に従事する方々の声も多く載っており参考になる。

・ファイナンシャル・モデリング（ロギカ書房）　サイモン・ベニンガ

財務モデリングの古典的な名著。欧米のビジネススクール等で用いられている。重厚感がある本だが、内容は基礎から積み上げていく形であり、エクセルでの学習がメインであるため実践的である。

ただし、座学だけで「ファイナンス力」を経営の現場で〝使いこなせる〟かといえば、限界があります。

財務三表に関する理論や決算書の読み方に関する理論は比較的シンプルで、自学自習で一定のレベルまで習熟するのはさほど難しいことではありません。とりわけ金融機関でキャリアを積んできた方は、与信や資金調達関連業務の経験も豊富でしょうから、数字を読む力に自信をお持ちの方も多いと思います。ただ、経営に近い実務でアウトプットをする経験を積まなくては、経営のどのような側面でその数字が使われるのか、数字が経営的に何を意味しているのかをイメージできません。

また、経営改善に取り組む際は、数ある経営指標のどの数字をいじれば、会社全体の業績を大きく変化させることができるのか。経営業績にインパクトを与える「ドライバー」をいち早く発見し、「もう少し営業に力を入れよう」「仕入れを見直せば、業績がこれくらい上がるのではないか」「販管費は常識的に考えてもう少し減らせる」といった提案が求められますが、「ドライバー」は業界によって勘所が異なるうえに、一社一社でも異なります。

こうした知見は、実戦を経験するなかで少しずつ獲得していかなければなりません。その意味でも「経営×ファイナンス」能力を最大限に発揮できる分野にいち早く飛び込み、経験を積むことが求められるのです。

頭でっかちにならず、飛び込め

本章ではアフターコロナの時代を資本家・投資家・経営者として、組織に頼らずにサバイブするための能力として「経営×ファイナンス」を捉え、その具体的な中身について考えてきました。

先ほどお話ししたように、「経営」は人間力、コミュニケーション能力、胆力、グリット力、事業計画策定力、「ファイナンス」は係数理解力、財務会計力、エクセル力、資金調達力に分解できるわけですが、このようにまとめてみると、「経営」に関しては、スキルというよりも、〝マインド〟というべき範疇に属する能力が重要であることがわかるでしょう。

つまり「経営×ファイナンス」は、特別な才能を持ったエリートだけが習得を許された特殊能力ではありません。高いマインドを維持し、難しい課題や面倒くさい業務に対して、逃げずに愚直に取り組むことができれば、誰にでも鍛えられる能力なのです。

むしろ重要なのは、この能力に磨きを掛けられる業務をいかに数多く手掛けるかです。

そこで次章では、「経営×ファイナンス」の能力が最大限に発揮される「M&A」「事業再生」「事業投資」の三つの業務を取り上げるとともに、これらの業務に深く関わる「M&Aアドバイザリー」「事業再生コンサルティング」「PEファンド」の特徴についてお話してみたいと思います。

第3章

「経営×ファイナンス業界」とは

M&Aや事業再生、事業投資は「経営×ファイナンス」の〝総合格闘技〟だ

第2章では、「経営×ファイナンス」能力の必要性とその中身に触れました。本章では、この能力が身に付きやすい業界としてM&A、事業再生、PEファンドという3つの業界をご紹介します。

この三つの業界の特徴は、それぞれ身に付く能力に長短はあるものの、経営の多様な要素を統合的に学べるところにあります。

例えばM&Aであれば、対象事業が属する業界構造、ビジネスモデル、業界におけるポジショニング、強み、弱みなどを俯瞰して理解できなければ、どのような買い手あるいは売り手とマッチングするかわかりません。また、M&Aの実行フェーズに入れば、財務、法務、税務、労務などの多様な論点を各種専門家と協力しながら見える化し、株主、経営者、金融機関、取引先、従業員などの立場と利害を理解し、落しどころを見つけるという非常にタフなネゴシエーション能力が求められます。まさに経営×ファイナンスの総合格闘技といっていいでしょう。

一つの分野を極めれば良いというものではなく、状況に応じて、さまざまな要素を自由

自在に組み合わせる「総合力」が欠かせません。

事業再生も〝総合格闘技〟の要素が満載です。詳しくは後で述べますが、事業再生は、経営業績が悪化・低迷し、そのまま放置していたら死に絶えそうな企業の事業および財務を再構築することで、事業の再生を図る仕事です。

財務の再構築にあたっては、会計帳簿をはじめとする膨大な資料を洗い直し、決算書を補正したうえで、金融機関に対して債務のカットや弁済期のリスケジュールなどを提案しながら、収益力のある事業を再構築していきます。したがって、広い意味での「資金調達力」を含めた高度なファイナンス力、支援先の担当者とコミュニケーションを取りながら客観的な情報を生み出す力が不可欠です。

また、事業の再構築では、経営者の視点に立って、営業損益の改善、債務超過の解消に向けた施策を計画するわけですが、一つの企業を立て直すというからには、財務と事業双方の観点からビジネス全体を構想する力が欠かせません。

PEファンドが行う事業投資についてはどのように考えればよいでしょうか。ここでいう「事業投資」とは、金融機関や事業会社、個人投資家などから預かった資金によって買収（M&A）した会社の企業価値を、各種経営支援により高めたうえで、他社に売却あるいは株式公開することで収益を獲得する一連の業務を指します。

PEファンドの仕事は、会社の株式の取得・売却を行う点ではM&A、経営支援を行うという点では事業再生や経営コンサルティング業務と重なります。また、ある時は株主という立場で、またある時は自分たちが経営を担い事業を成長させるという立場では、まさに「経営×ファイナンス」の〝総合格闘技〟であり、さまざまなステークホルダーをマネジメントし、最大限の力を発揮させるという点では、事業の総合プロデューサーともいえる仕事です。

M&Aにせよ事業再生にせよPEファンドの行う事業投資にせよ、扱うものは一人の人間が創業し、人生をかけて育て上げてきた事業そのものです。会社の命運を左右する経営の決断に関わる仕事であり、そこには人間の魂が込められています。だからこそ、前章でお話した深みのある「人間力」や「コミュニケーション能力」が仕事を通じて磨かれていくのです。

また、案件の発掘（ソーシング）から成約まで数年単位の時間がかかるものもありますから、長丁場の交渉事をやり切る「胆力」、「グリット力」も欠かせません。

「経営×ファイナンス業界」のエコシステム

M&A、事業再生、PEファンドというプレーヤーは事業の統合、再生、成長という一つの経済エコシステムの中に存在するビジネスパートナーでもあります。図1を見てください。

「経営×ファイナンス業界」を取り巻く経済エコシステムのなかでの、M&A、事業再生、事業投資の流れを取り上げながら説明していきたいと思います。

一般的なM&Aの流れをみながらご説明しましょう。

多くの場合、M&A案件は、投資銀行のカバレッジチーム*やファイナンシャルアドバイザリーサービス（FAS）のFAチーム、あるいはM&A仲介会社のM&Aコンサルタントが案件の創出（ソーシング）を行います。これらのプレーヤーが発掘した譲渡案件を、PEファンドや事業会社のM&A担当に提案し、そこに金融機関がローン*を付けてM&Aが実行されます。

M&Aが実行（エグゼキューション）*フェーズに入ると、被買収企業に対する各種分析（DD：デューデリジェンス）が行われます。財務DDはFAS系ファーム、事業DDは戦略コン

*カバレッジチーム……投資家銀行のフロント（営業）業務を行うチーム。
*ローン……M&Aにおける買収金額を金融機関より調達すること。買収ファイナンス、LBOローン等と呼ぶ。
*エグゼキューション……execution。日本語訳は「実行」。特にM&A案件における一連の手続きを管理、執行することを指す。

図１　「経営×ファイナンス業界」エコシステム概念図

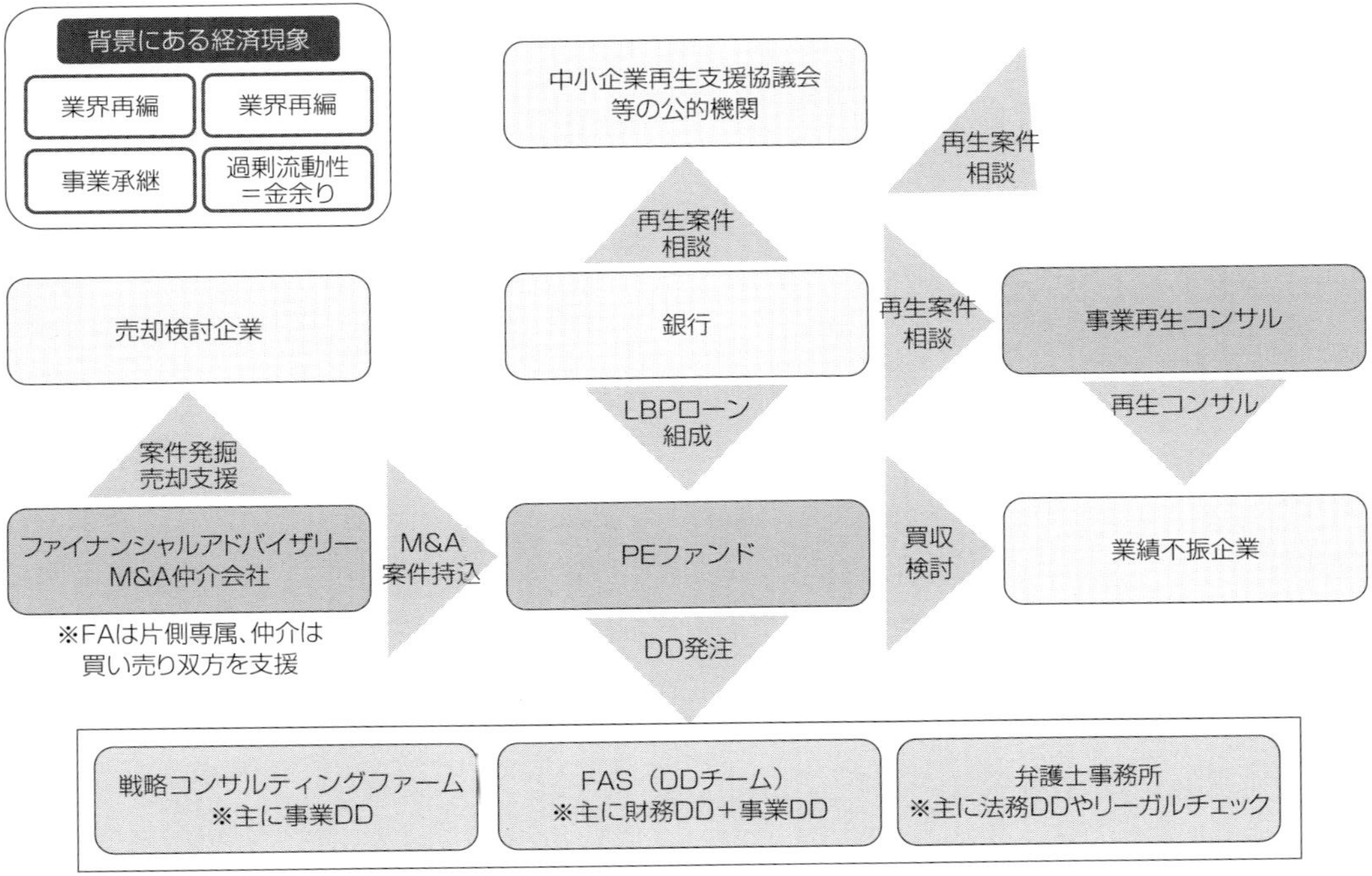

サルティング系ファーム、法務DDは法律事務所等が担うのが一般的です。

そして無事、買収が済むと次はPMI*フェーズに入ります。PEファンドの場合は数年後に再度M&A（売却）あるいはIPO（株式公開）という流れになりますので、そこで再度、買い手による各種DDを各ファームが担うという流れです。

また、金融機関の融資先企業の経営が行き詰まると、金融機関から直接、あるいは中小企業再生支援協議会という公的機関などから、再生系コンサルティングファームに事業再生業務依頼があります。そこで、再生系コンサルティングファームが事業再生案件を受託すれば再生プロジェクトが動き出すことになります。事業再生局面では、往々にして事業の選択と集中のために事業売却（カーブアウト）や資金調達の一環としてスポンサー型M&A*が行われます。ここでもM&AプレーヤーやPEファンドなどに活躍の場が生まれるわけです。

このように三つの業界をエコシステム全体で捉えることで、M&A、事業再生、PEファンドのプレーヤーが、一つのエコシステムのなかで密接に連携しながら活動していることが理解できると思います。そして、コロナショック以降、事業承継、業界再編、事業再生案件が急増しつつある今、このエコシステムが成長し、案件の数もプレーヤーの数も増え続けています。

＊PMI……Post Merger Integration、ポスト・マージャー・インテグレーション。日本語訳は「買収後の統合」。主にM&A後の買収企業と被買収企業の経営面や業務面の統合を指す。PEファンドは投資後の経営全般をPMIやハンズオン支援と呼ぶ。

＊スポンサー型M&A……事業再生を目指して企業価値向上に向けた取り組みを進めていたものの、状況が厳しく売却せざるを得ない場合、あるいは、再生の見通しはついているもののキャッシュが足りず、金融機関による追加融資も期待できない場合に、事業会社やPEファン

さて、ここからは「経営×ファイナンス業界」を構成する三つの業界、M&A、事業再生、PEファンド業界の具体的な仕事内容やそこで働く魅力についてご説明します。

M&A業界

M&A業界概略

近年、M&A業界は活況を呈しています。リーマンショックでは前年比40%の案件数の減少をみましたが、その後は急速な成長を続け、2019年は公表分のみで4,000件を超えています（図2参照）。もし未公表の案件を調査すれば、少なくとも2倍の8,000件を超えるのではないでしょうか。増加の詳細な背景は4章に譲りますが、国内でいえば業界再編と事業承継の二つがM&A件数増加の大きなドライバーになっているといえます。

M&A業界の仕事内容

M&A支援を生業とするプレーヤーには、買い手・売り手のいずれか片側でアドバイザ

ドに対して、通常の株式譲渡や、good 事業と bad 事業を切り分ける事業譲渡（第二会社方式）などにより外部スポンサーを招聘すること。金融機関への債務弁済を最大化するために行われる M&A の手法。

図2

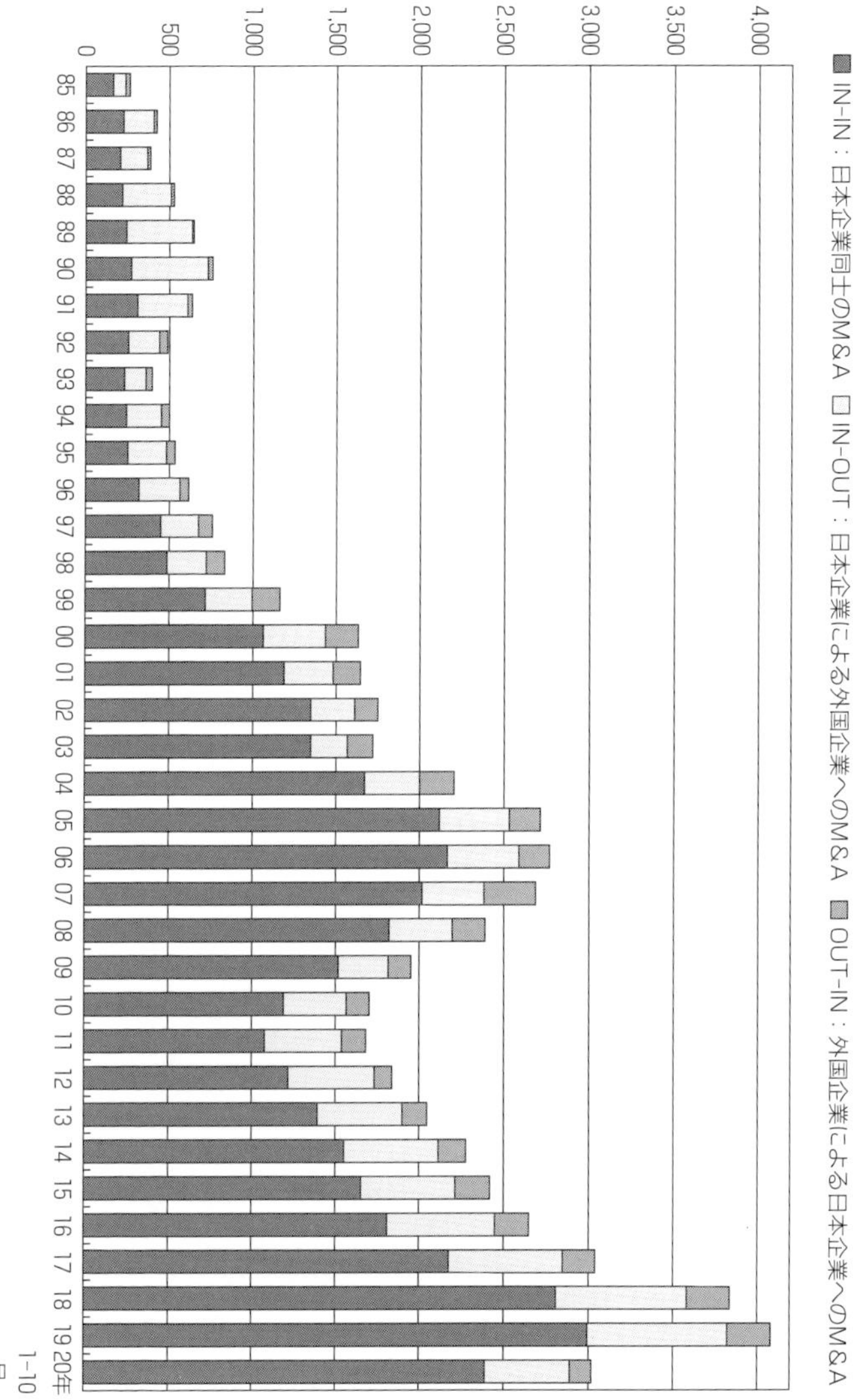

（レコフデータのM&A情報・データサイト「MARR Onlin（https://www.marr.jp/genre/graphdemiru)」より引用）

リーを行うファイナンシャルアドバイザリー（ＦＡ）と、買い手・売り手の間に入りＭ＆Ａを成約に導くＭ＆Ａ仲介があります。

実際にはＭ＆Ａの実行フェーズにおいて、財務分析（財務デューデリジェンス）やバリュエーション*を行う会計事務所や、法務論点は法律事務所、税務論点は税理士事務所というように、いくつかのプレーヤーと連携をとりながら案件を進めますが、ここではＭ＆Ａ案件のフロントに立つファイナンシャルアドバイザリー（ＦＡ）とＭ＆Ａ仲介に焦点をあてて話を進めます。

Ｍ＆Ａの大まかなプロセスは図３をご参照ください。

ファイナンシャルアドバイザリー（ＦＡ）は買い手あるいは売り手の片側につき、クライアント利益の最大化を目指すことを職務とします。そしてＭ＆Ａにおける多様な論点を整理し、難易度の高いエグゼキューションを遂行する点に提供価値を置いています。

一方、Ｍ＆Ａ仲介は、買い手に対する売り案件のソーシング、または売り手に対する買い手のソーシング*、そして互いの利害を調整しながら案件の成約に結び付けることに提供価値をおくケースが一般的です。

未上場の中小企業であれば、片側のＦＡ契約で進めるか仲介契約で進めるかは、顧客の好み次第です。小規模案件を対応できるＦＡが少ないため、中小企業のＭ＆Ａは仲介契約

＊バリュエーション……valuation。投資の価値計算や事業の経済性の評価をすること。M&Aにおいては企業価値の評価をすること。
＊ソーシング……M&A においてはターゲット企業の選定からコンタクト、交渉を行い、案件化することをいう。

図３　M&A 業務プロセス図

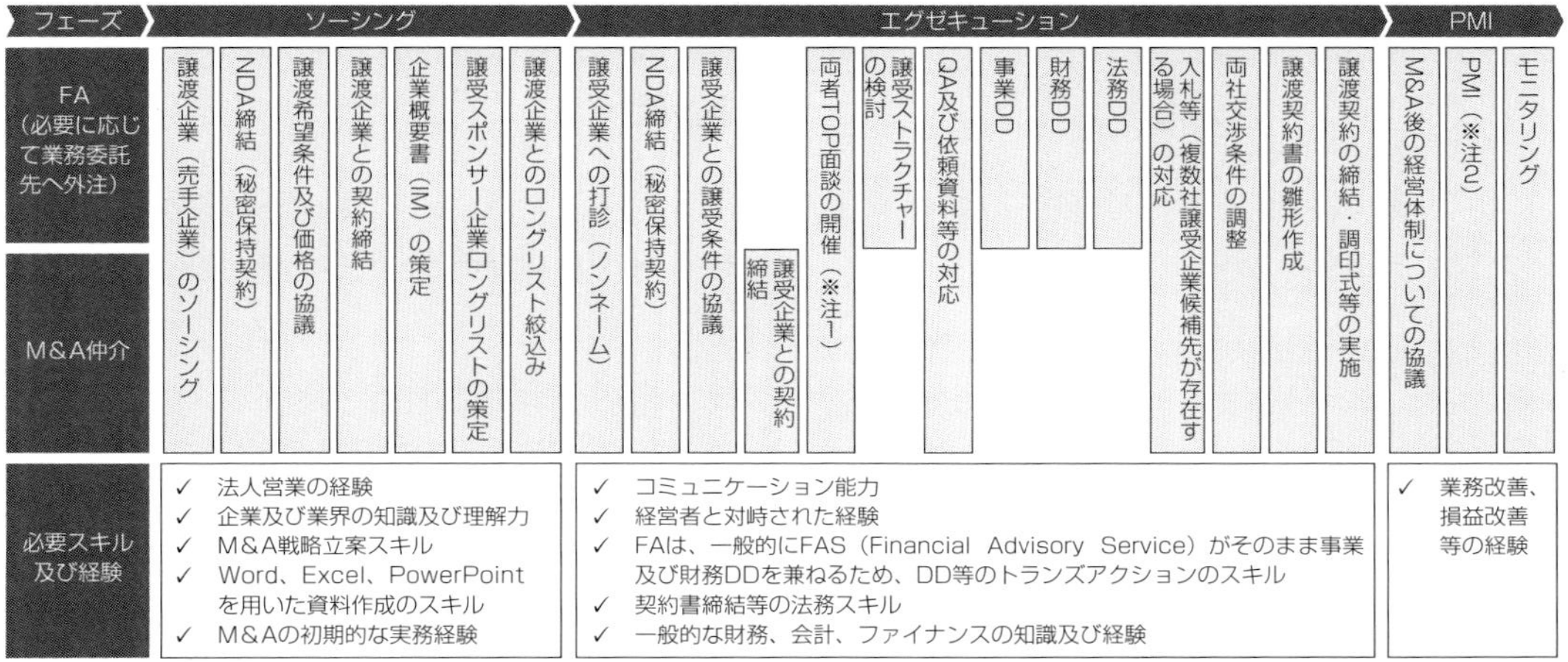

（※注1）TOP面談の時期は、一般的にはこのタイミングであるが、状況に応じて前後することもある。
（※注2）PMIとは、Post Merger Integrationの略称であり、M&A後の両者統合業務全般を指し、FA・M&A仲介ともに他の専門のアドバイザリーファームへの外注あるいは買収企業自ら実施するケースが多い。

で行うという商慣習が生まれた歴史的背景があります。

M&A業界で働く魅力

【ファイナンシャルアドバイザリー（FA）】

いうまでもなく、M&Aは経営における極めて大きな意思決定です。大型のM&Aであれば、その会社の未来を決めてしまうほどのインパクトを持ちます。日経新聞の一面に掲載されるような案件に、プロフェッショナルの一員として関与できることは非常に心躍ることでしょう。こうした仕事は、投資銀行（証券会社）やファイナンシャルアドバイザリー・サービス（FAS）と呼ばれる財務系アドバイザリーファーム、それから、M&Aに特化した投資銀行のような存在であるM&Aブティックが担っています。また、これらの企業に従事するプロフェッショナルをファイナンシャルアドバイザーと呼びます。

当然のことながら、M&Aのような重要な意思決定が、ある日突如として行われるわけではありません。その背後には、日々、業界情報をクライアントに提供しながら、タイミングをみてM&Aの提案を行うファイナンシャルアドバイザーがいるのです。

ある実績豊富で優秀なファイナンシャルアドバイザーは、経営者の外部経営参謀的な立ち位置で、日頃から業界の趨勢や経営課題についてディスカッションを行い、いよいよその時がきたら、「やっとその時が来ましたね、動きましょう」という形で、案件をスタートさせています。形式的なコンペはありますが、そんなことはお構いなしに、きわめて属人的な方法で案件を獲得できてしまう業界です。

このように投資銀行や大型案件を得意とするファイナンシャルアドバイザリー・サービス（FAS）は、業界の理解と、業界のトップマネジメント層との強固なネットワークが必要ですので、専門の業界ごとのチームに分かれてサービスを提供するケースが一般的です。

また、案件サイズが大型化すればするほどM&Aにおける論点が増え、案件が複雑化し、協業する専門家も増えますので、エグゼキューション（M&Aの実行）の難易度は高まるといっていいでしょう。また、中堅〜大企業のM&Aは、会社全体の売却あるいは買収ではなく、一部事業あるいは機能の売却や買収も多いので、バリュエーションやM&Aスキーム、契約内容が複雑化しやすいという特徴があります。

このように、ファイナンシャルアドバイザリー（FA）は、案件の難易度が非常に高く、プロフェッショナル性の高い仕事である一方で、期間あたりに経験できるディール件数は少なくなりがちです。一番サイズの大きなM&Aを行っているのは外資系投資銀行ですが、転職から2年が経過するにもかかわらず、まだ一件も案件の成約に関与したことがなく、ピッチ（提案および提案に伴う資料作成）を行い続けているというファイナンシャルアドバイザーも珍しくありません。

キャリアの観点からすると、サイズの大きいM&A案件はそもそも数が少ないので、一つの組織に長く所属し、時間をかけて学ばなければ経験値を蓄積しづらいという特徴があるのです。これはラージキャップの案件に特化しているPEファンドでも近しいことがいえます。

【M&A仲介】

一方、M&A仲介会社の主戦場は中小企業のM&Aです。基本的には事業売却（カーブアウト）のような会社の一部の売却や買収ではなく、会社全体のM&Aを経営者や株主と一緒に進めることになります。

M&A仲介は、買い手と売り手の間に入り、いかにWin-Winの落としどころを見つけるかという発想で動きますので、成約の可能性もスピードも高まります。中小企業のM&Aの場合にはステークホルダーの数が少ないということもあり、早ければ半年程度で成約する案件も多く、数年で複数件の案件成約を経験することができます。また、M&A仲介業務に従事するプロフェッショナルをM&Aコンサルタントと呼びます。

M&Aコンサルタントの仕事の魅力として意外と見落とされがちなことが、短期間のうちにさまざまな業界のM&Aに関与するため、多くのビジネスモデル＝儲けの仕組み、多様な経営者、組織、資本構成などに触れることができることです。こうした経験を積むことで、ビジネスマンとしての発想の幅を広げ、ビジネスを俯瞰的に見ることができるようになります。

ただし、その一方で、大型のディールを扱うファームに比べると、エグゼキューション能力は高まりづらく、ソーシングやクロージング*に偏った能力になりがちである点は考慮する必要があるでしょう。

ビジネスライクな関係よりも、感情的な関係。これも中小企業のM&Aの特徴です。中小企業のM&Aは多くの場合、後継者不在による「事業承継」や業界で生き残るための同業企業の統合＝「業界再編」などをテーマにしたオーナー企業案件であるため、創業者あるいは、その親族が代々引き継いできた家業の売却に関わります。

創業者が人生を捧げて育てた会社の承継を支援するという「感動」が、中小企業のM&Aには色濃く出るといっていいでしょう。事業承継に成功した経営者から「これまでの努力が報われた。従業員の雇用、地域社会、取引先を守ることができた。本当に有難う。」と涙を流して感謝されることも多い仕事です。

＊クロージング……案件が成約し完結すること。

M&A業界のキャリアと報酬

【キャリア】

M&A業務経験者のその後のキャリアに関しては、「経営×ファイナンス」能力に加え、M&A業務の専門知識が身に付きますので、PEファンドや事業会社のM&A担当など、バイサイドへの転職可能性が開かれます。

ただし、M&A仲介のM&Aコンサルタントに関しては、中小企業のM&Aに特化した業務経験を積むことが多いため、一般的には、REファンドや事業会社のM&A担当への転職のハードルは高いといわざるを得ません。しかしながら、昨今増えているスモールキャップに特化したPEファンドや、中小企業の買収に注力している事業会社のM&A担当であれば転職可能性は十分あります。

その一方で、M&A仲介のM&Aコンサルタントには、若くして非常に高額な報酬を得ている方も多く、「年収が下がるので転職しない」という方も少なくありません。また、稼いだ資金と事業承継型M&A支援の豊富な経験をもとに、自ら中小企業を承継し経営者を目指す方や、同じM&A仲介会社を創業して独立する方も数多くいらっしゃいます。

会社員の枠にとどまらない、非常に特殊なキャリアといえるでしょう。

【報酬】

M&A業界は、いま、日本で最も年収の高い業界といってていいでしょう。

2020年1月に東洋経済オンライン編集部が発表した上場会社平均年収ランキング（https://toyokeizai.net/articles/-/322342）では、1位がM&A仲介のM&Aキャピタルパートナーズで2,478万円、3位がファイナンシャルアドバイザリー（FA）を行うGCAで2,063万円、それ以降も6位にM&A仲介のストライク、11位にM&A仲介最大手の日本M&Aセンター、12位にファイナンシャルアドバイザリー（FA）や事業再生コンサルを行うフロンティアマネジメントが並びます。

ここに名を連ねる会社には、転職をご支援させていただいた方が数多くいらっしゃいますが、実際にかなりの額を稼いでおられ、転職2、3年で年収が600万円→8000万円まで増加した方もおられます。業界のトッププレイヤーの年収は数億円にもなるので、トップスポーツ選手並みといっていいでしょう。

報酬体系は会社ごとに異なりますが、業界の年収に対する考え方は次のようにとらえるといいでしょう。ファイナンシャルアドバイザリー（FA）は固定年収も高く、さらに成約案件への貢献度が高ければ高額の賞与が支払われます。FAはチームでの仕事が基本で、かつ長期にわたる活動が収益につながりますので、「一案件の収益の○%がインセンティブ」というような考え方の会社は多くありません。業界の方針としては、全体の収益と個人の収益貢献度合いに応じて賞与で報いるという考え方が一般的です。

一方、M&A仲介は、FAに比べるとチームよりも個人プレイの要素が強い仕事なので、個人の獲得した収益に応じて賞与が決まるという仕組みの会社が少なくありません。獲得した収益の10~30%をインセンティブとして支払っている会社が多い印象です。

M&A業界の年収が非常に高い理由は、事業の収益性が非常に高いからです。その理由は下記3点に集約されます。①株式会社という最も大きな仲介商品を扱っていること、②クライアント企業に対する収益インパクトが非常に大きいこと、③失敗した場合のネガティブインパクトが非常に大きいこと、です。

まず①については、M&Aは世の中の仲介料、あるいはアドバイザリー報酬を収益とする商材の中で最も大きな金額が動きます。人材紹介や賃貸、不動産など同種のビジネスモデルはたくさんありますが、企業の時価総額という、世の中で最も大きな価格のつく商品を仲介し、そこに一定の%をかけて、フィーとするので、非常に収益性の高い事業になります。

②と③は同じことを逆に言っているのですが、M&Aは成功しても失敗しても非常に大

きなインパクトを経営に与えますので、高額のアドバイザリー料や仲介料を払ってでも、よりよいM&Aを実現したいという発想になるクライアントが多いのです。

事業再生業界

事業再生業界概略

皆さんの中で事業再生という言葉が一般的になったのは、カネボウ化粧品やダイエーグループの事業再生が大きなニュースとなった2000年代以降ではないでしょうか。

業界理解のために、この20年の事業再生業界を振り返ってみます。

まず2000年代初頭の事業再生業界は、時代の変化に対応できなかった大企業の不採算部門や事業からの撤退が主たるテーマでした。バブル崩壊の残影も残り、先送りしてきたリストラクチャリングの実行など、外科手術的なアプローチが多かったように感じます。

リーマンショックを経て、2010年代に入ると、テクノロジーの急速な進化や業界構造の変化により、事業再編を目的としたコア事業の再構築、国内外で買収した企業の再生など、財務面に加え事業面をテーマとした案件が増加しました。

こうした背景のもと、それまでの再生ファームの主な採用ニーズであった、会計士や弁護士、金融機関出身者に加え、戦略ファームや事業会社の経営企画部門出身者など、事業面に精通した人材ニーズが高まりました。そして、コロナ以降はこれまでの再生案件に加え、エクイティによる資金調達の需要が高まり、再生型Ｍ＆Ａのニーズも増えています。これまでＭ＆Ａ機能を持たなかった多くの独立系再生ファームが、Ｍ＆Ａチームの立ち上げを急ピッチに進めているのには、こうした背景があるからです。

事業再生業界の仕事内容

続いて、事業再生コンサルタントの仕事内容をみていきましょう。

事業再生コンサルタントは、外部環境の変化や経営者の失策により、資金繰りが悪化し、倒産の可能性がある企業や不採算の事業部門を保有している企業に対し、事業面と財務面双方のＤＤ（デューデリジェンス）を行い、現状を正しく認識したうえで、再生計画の策定、ハンズオン支援*、モニタリング支援*を主な業務としています。一般的な事業再生は下記プロセスで進められます。

事業再生案件の依頼主は、①金融機関等の債権者、②各都道府県に存在する中小企業再

＊ハンズオン支援（再掲）……PE ファンドや再生ファーム等が投資先に自社の社員を派遣し、常駐や半常駐の形で経営に関する支援を行うこと。
＊モニタリング支援……ハンズオン支援より緩やかな経営支援。常駐や半常駐ではなくリモートで経営報告等を行いアドバイスする。

図4

フェーズ	現状認識（DDデューデリジェンス）	数値計画策定	モニタリング	実行支援
実施事項	財務DD 事業DD 金融機関取引整理 債権者との利害調整 資金繰りの策定	損益改善施策の検討 数値計画の策定 利害関係者への提示 債権者への協議・交渉 債権者からの同意	事業計画の進捗確認 数値乖離要因の把握 損益改善施策の確認	損益改善施策の実行 経営意思決定の示唆 経営会議体への出席
主な成果物	✓ 財務DD報告書 ✓ 事業DD報告書 ✓ 金融機関取引 ✓ 資金繰り見込	✓ 経営改善報告書	✓ モニタリング報告書	✓ 経営状況に応じた報告等
主な依頼主	債権者（主に金融機関及び保証協会） 公的機関（地域経済活性化支援機構_通称：REVIC、再生支援協議会等）			クライアント自身
必要スキル	✓ Word、Excel、PowerPointのスキル ✓ BS（貸借対照表）及びPL（損益計算書）の理解 ✓ 監査法人での監査経験 ✓ 市場調査の経験 ✓ 業務及び損益改善の経験	✓ 財務プロジェクションモデル（BS・PL・CF）の策定 ✓ 業務及び損益改善の経験 ✓ 経営陣と計画合意に向けてのコミュニケーションスキル ✓ 事業計画の数値を数パターン策定出来る想像力	✓ 会議を設計するスキル ✓ 損益予実管理スキル ✓ Word、Excel、PowerPointのスキル	✓ 経営陣のモチベーション支援 ✓ 経営陣からの信頼 ✓ 経営改善のスピード

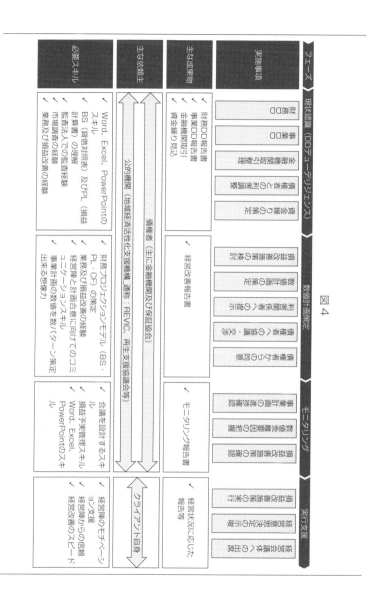

生支援協議会等の公的機関、③不採算部門を保有する事業会社およびその株主（PEファンドからの依頼もあり）などが中心です。再生先の企業の経営者だけではなく、依頼主の債権者をクライアントとして、企業経営者、株主、債権者全員が納得のいく形で再生を果たすことを目標に、業務を進めることになります。

事業再生コンサルタントとして働く魅力

事業再生コンサルタントは、事業・財務DDを実施した上で、資金繰りの改善や事業再生計画、経営改善計画の策定・実行支援を行う仕事です。再生先企業のオーナーや幹部はもとより、現場の社員に対しても、「このままでは倒産だ、今変わらなければならない」とはっきりと言いやすい環境ですので、厳しいながらも、コンサルタントとして非常にやりがいを感じられる仕事といえるでしょう。

逆にいえば、厳しいことをしっかり伝え、改革を断行する強い意志が必要な仕事ともいえます。コンサル系の仕事をしておられる方がよくおっしゃる「手触り感がない」「資料作成やアドバイスはしているが事業を動かしている感覚がない」という不満が比較的でにくい仕事です。

時間の制約が非常に厳しいという点も、事業再生の仕事の大きな特徴の一つです。事業再生局面では、破綻可能性のある企業が多いので、兎にも角にもスピーディーに手を打たなければいけません。再生案件の多くは、「元本返済が来月に迫っている」「ここで返済できないと、格付を下げなければいけない」といった形で、銀行等の金融機関から持ち込まれるわけです。融資先の債務者区分が格下げになるということは、金融機関にとっては大問題です。格付が下がると貸倒引当金を積み増さなくてはならず、株価にも影響を与えます。それだけに銀行のプレッシャーも強く、事業再生コンサルタントには「必ず来月中に再生計画を提出して下さい」といったタフな依頼がくるのです。

例えば、中小企業の事業再生案件の場合、一般的に再生先には主担当のプロジェクトマネージャー一人と若手のアソシエイト一人ないしは二人が送り込まれ、ほぼ常駐で再生に取り組みます。地方の再生案件であれば、月曜日の朝一もしくは日曜日の夜に前泊で現地に入り、平日はホテルに泊まり込みタフに働いたうえで、金曜日の夜もしくは土曜日の朝に都内に戻ってくるという生活が続くケースもあり、なおかつ仕事量は膨大です。

社内に存在するありったけの資料を机の上に積んで、片っ端から調べ尽くし、財務モデルを作成する。連日朝から晩までヒアリングを行い、「2か月に一度出ている、この費用はなんですか？」「この従業員にだけ、こんな給料の支払い方をしているのはなぜですか?」という具合に、調査を通して出てきた疑問を解消し、金融機関対応に備える。その合間を縫うようにして、事業デューデリジェンスを進め、経営改善計画を策定する。5、6週間にわたって、こうした作業をほぼ同時並行で進めていくのです。連日徹夜とはいいませんが、夜中まで資料をつくることは日常茶飯事です。

業界に未経験で入社した方は、日々勉強してキャッチアップするだけで精一杯だと思いますが、ヒアリングの議事録を取ったり、資料づくりを担当したりしながら、事業や財務分析力を高速でレベルアップさせることができます。財務・事業の分析力や事業計画作成力を短期で高めたい方にとっては非常に良い環境です。

事業再生業界のキャリアと報酬

【キャリア】

事業再生コンサルタントは、財務DDや事業DD、事業計画策定、モニタリングなど、経営人材に求められる業務スキルおよびメンタルタフネスが身に付く仕事です。ハンズオン色の強いPEファンドや、事業会社のCFO、経営者向きの性格の方であれば、プロ経営者やフリーのコンサルタントとして独立する方も多い業界です。

特に財務と事業双方の能力を高められる職種は珍しく、PEファンドの採用責任者と話をしていると、「投資銀行出身者はファイナンスは強いが、事業理解が弱い傾向にある」、一方、「戦略コンサル出身者は基礎能力が高いし、事業面に強みがあるので素晴らしいが、ファイナンス面が弱い人が多い」という会話になることがあります。こうした観点からすると、事業再生コンサル出身者は、事業と財務の双方の経験を積んでいるうえに、とにかくタフに、最後までやりきる力がある。本来もう少し注目されても良いキャリアだと思います。その後のキャリアの可能性はかなり広がりますし、意外とポテンシャル採用を行っているファームも多いので、未経験者が「経営×ファイナンス業界」に入るためのルートとしては非常に魅力的な業界といっていいでしょう。

【報酬】

報酬面に関しては、M&AやPEファンドのようにインセンティブやキャリーボーナス*で大きく稼げる仕事ではない点に注意が必要です。一般的なコンサルティングファームと同じく、職位ごとに年収レンジが決まっているため、能力を高め、職位を上げなければ年収は上がりません。

ファームによって差がありますが、次のレンジに収まるケースが多いかと思います。

・アソシエイト：500～800万円前後
・マネージャー：800～1,200万円前後

*キャリーボーナス……PEファンドにおいて、ファンド運営会社が受け取る成功報酬の社員への配分。運用成績によっては数億円という単位にもなり得る。

・ディレクター：1、200～1、500万円前後
・パートナー：ディレクター以上

PEファンド業界

PEファンド業界概略

PEファンドとはプライベート・エクイティ・ファンドのことで、プライベート・エクイティとは日本語で「未公開株」のことです。よってPEファンドとは、未公開株に投資をするファンドになります。

ファンドと聞いて、皆さんはどのようなイメージを持つでしょうか？　最も有名なイメージとしては「ハゲタカ」だと思います。真山仁さんの小説『ハゲタカ』に描かれているような、外資系のファンドが日本の破綻企業を買収し、その企業の資産を切り売りして利益を出す。その際、従業員や取引先のことなど知ったことではない――。ファンドに対して、今でもこうしたイメージを描いていらっしゃる方も多いと思います（なお、こうしたファンドをディストレスファンドと呼びます）。

しかし、現在、国内において活動しているファンドで、このようなハゲタカ的な投資活動を行っているところは皆無といっていいでしょう。

ハゲタカファンドが活躍できた時代背景として、日本の金融機関の不良債権処理の問題があります。バブル崩壊の後処理が不可欠だったことから、1990年代~2000年代前半の金融機関では「不良債権をとにかく処理する」というニーズが非常に高まりました。そこに外資のファンドが目をつけ、投機機会として利用したのです。

その後のリーマンショック等の金融危機においてもハゲタカファンドの活躍の場が一部ありましたが、現在の日本国内においては、アベノミクスによる大規模金融緩和などにより、このような機会はなくなっています。

実際、現在のPEファンドは主に「大企業の事業再編におけるカーブアウト」や「中堅・中小企業オーナーの事業承継」などのテーマに対する投資がメインとなっています。これらはハゲタカファンドのような「そこにいる人を無視する投資」をしていては、全く成り立たないものです。

PEファンドは企業の株式を譲り受け、自ら経営に参画し、企業の価値を高め、数年後に売却することによってキャピタルゲインを得るビジネスです。企業価値を高めない限りキャピタルゲインが得られないため、その企業におけるさまざまなステークホルダーを無視することはできないのです。

なお、PEファンドはその投資対象や株式取得割合などによって、ベンチャーキャピタル、バイアウト、再生、ディストレスなどに分類できますが、本書では、近年日本において急増している「中小企業の事業承継」を主たる投資対象とし、その企業の株式マジョリティ（過半数以上）に投資をする国内バイアウトファンドを中心にお話を進めていきます（以降、PEファンドと表現している箇所も、主としてバイアウトファンドに関してのことになります）。

M&A業界の項でもお話ししましたが、オーナー経営者の高齢化による事業承継問題は日本経済におけるTop of Topの課題であり、新聞などでも事業承継の話題を見ない日はありません。この課題に対して投資を行うPEファンドが近年、とても増えているのです。

PEファンドのビジネスモデル

PEファンドというと、バリューアップ*のプロセスに注目が集まることが多いと思います。M&Aで投資した会社に入り、ハンズオン支援でバリューアップに取り組むのは確かですし、この点に憧れてPEファンドへの入社を希望する方は少なくありません。

しかしながら、PEファンドにとってあくまでお客さま＝投資家であり、投資家から預

＊バリューアップ……企業価値を向上させること。コスト削減や売上増加、バックオフィスの整備など、あらゆることに取り組む。

かった資金を運用して、キャピタルゲインを出すビジネスであるということを忘れてはいけません。投資家から預かった資金を何がなんでも増やし、高い成功報酬を得ることがPEファンドのビジネスであり、その目的があるからこそ投資先企業のバリューアップを図るのです。

このことをしっかりと理解しておくと、投資先企業とベクトルを合わせることがビジネス的にも重要だということがわかりますし、投資先企業との適切な距離感を保つことにつながります。

PEファンドの報酬体系は〝2の20〟と呼ばれます。投資家からコミットしてもらった金額の2％を毎年の管理報酬として、キャピタルゲインの20％を成功報酬として得るケースが一般的です。例えば、100億円のファンドの場合、その2％に当たる2億円が毎年の管理報酬で、ファンドメンバーの人件費や事務所の家賃などの運営費用に充てられます。メインはあくまで、運用の成功による成功報酬です。

ファンドによってさまざまですが、PEファンドの投資期間は7年プラス2、3年の延長で計9、10年というパターンが一般的です。また、国内バイアウトファンド業界の平均的なリターンは10～20％。流動性が低く、高い利回りが求められるため、少なくとも二桁に載せなければ厳しい評価となる印象です。とくに運用総額100億円未満のスモールキャップの場合には、投資家からすると金額の絶対額が小さく運用効率が下がるため、20～30％以上のリターンを目指すファンドも存在します。

それでは具体的に、PEファンドの仕事内容を見ていきましょう。

図5に、PEファンドにおける投資業務の一連の流れをまとめました。

左から、まず、ソーシングからエグゼキューションのフェーズは、M&AのプロセスでＭ&Aアドバイザー、ソーシングに関しては、証券会社や銀行などの金融機関やFASなどのM&Aアドバイザー、M&A仲介などのM&Aコンサルタントから案件の紹介を得ます。ファンドによっては自ら直接オーナーにアプローチをしたり、ファンドメンバーの個人的な人脈からソーシングしたりすることもありますが、重要なポイントは「独占的（エクスクルーシブ）」であることです。

PEファンドのビジネスの性質上、「確実に」投資できることと、「割安で」投資できることが非常に重要です。エクスクルーシブでない案件（競争入札案件などといいます）は、この二つの条件をいずれも満たせず、案件の優先順位は劣後します。その意味で、独自のソーシングができるメンバーというのは非常に重宝されますし、ソーシング元となるM&Aア

図５　PEファンド業務プロセス図

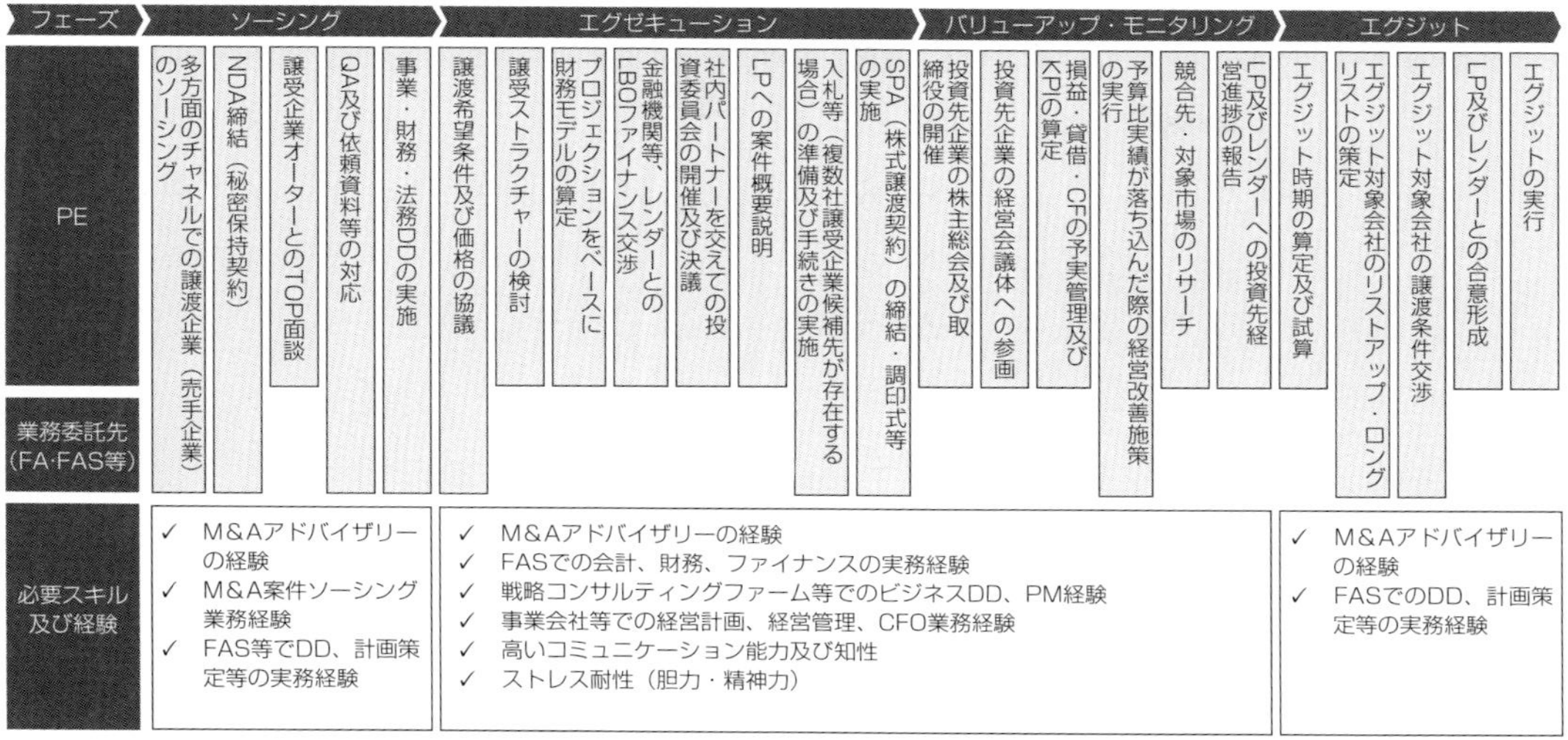

ドバイザーやM&Aコンサルタントと適切な関係性を築くことのできる力も重要視されます。

エグゼキューションはM&Aにおける専門知識の部分です。案件検討の重要部分を占める財務モデリング*の作成や買収ファイナンスの金融機関交渉、専門家を交えたデューデリジェンス（DD）、各種契約書を作成するドキュメンテーション、投資委員会での内部決裁など、実際に株式の所有権が移るまでのすべての実務になります。

非常に重要なプロセスになりますが、多くの部分で「答え」が存在するプロセスでもあり、M&A実務の経験者であればPEファンドの実務にも違和感なく入っていけると思います。逆にM&A実務が未経験だと、相当な緊張感のもとキャッチアップしなければいけないプロセスでもあります。

バリューアップのフェーズはPEファンド特有のものであり、非常にやりがいのある部分でもあります。バリューアップは、投資した企業の経営にファンドメンバーが参画し、企業の幹部と一緒にさまざまな経営改善活動を実行し、企業価値の向上を目指すものです。ファンドによっては常駐するメンバーを出し、担当者がほぼフルコミットで、投資先企業のバリューアップに携わることもありますが、多くのファンドではメンバーは非常勤

＊**財務モデリング**……企業の財務モデルを作成すること。財務モデルとは、予測の財務三表（貸借対照表、損益計算書、キャッシュフロー計算書）であり、特定の数値の変動により売上や利益、現預金残高、負債残高などがどのように変化するのかを検討するもの。

として、定例の経営会議や日常のメールなどのやり取りによって企業の幹部のサポートを行うイメージです。

ファンドによってスタイルや得意分野もさまざまですので一概にはいえませんが、投資チームとバリューアップチームが分かれていない限り、投資業務だけではなくバリューアップの経験を積むこともできます（チームが分かれているファンドも存在します）。

バリューアップにおいて最も大事なことは特殊能力や専門知識ではなく、第2章でお話しした「人間力」の部分になります。外部の経営陣として、プロパーの幹部陣や従業員を適切に動かし、マネジメントする仕事になりますので、人を動かすことのできる魅力がないと務まりません。そのため、バリューアップの仕事を通じて人間的な成熟度が上がったという方もいます。その意味ではキャリアのみならず、人間的にも成長することが可能な仕事だといえます。

最後のエグジットは、ファンドとして最も大切なキャピタルゲインを確定させる仕事になります。選択肢としては、再びM&Aで売却をするか、IPOをするかがメインシナリオとなりますが、中堅企業の事業承継に関する投資においては、M&Aで売却をすることが主流です。エグジットのタイミングが近付いてくると、ファンドからM&Aアドバイザーに声をかけ、買い手候補先をリストアップしてもらい、打診してもらいます。

なお、エグジット時は売却価格の最大化が主眼となりますので、競争入札形式にすることが一般的です。エグジットもM&Aプロセスですから、必要とされる知識は投資実行時と同じですが、立ち位置が買い手サイドから売り手サイドへと変わります。

売却する投資先をいかに魅力的にプレゼンテーションできるかが非常に重要になるわけですが、適切にバリューアップを行い、企業の経営陣と人間関係がしっかりできていれば、自然と良いプレゼンテーションができるのではないかと思います。

なお、PEファンドの業務には、投資フェーズの前段階に「ファンドレイズ」というプロセスがあります。読んで字の如く、「ファンドを立ち上げる」ことであり、投資家に営業を行い、ファンドに資金を入れてもらうプロセスを指します。

そもそもファンドは投資家から資金を集めなければ投資ができないため、本来はこのプロセス抜きには語れないものなのですが、このプロセスは多くの場合、ファンドの経営陣クラスが長年の金融機関との付き合いや個人投資家との人脈から行っているものであり、本書の趣旨からやや外れるため割愛させていただきました。

PEファンドで働く魅力

何よりも、PEファンドの最大の魅力は「仕事自体が面白いこと」です。PEファンドの仕事に面白みや、やり甲斐を見出せないという方を聞いたことがありません。自らソーシングしてきた魅力的な企業に投資実行し、その企業の経営幹部とともにビジネスを回して企業価値を向上させ、最後は売却し利益を得る――。これら一連のプロセスに若手の頃から主体的に関わり、プロフェッショナルとして日々を過ごすことができるのはPEファンドならではの魅力です。

特に、バリューアップのフェーズは、PEファンド独自のものであり、自らの努力で企業価値を高め、投資を正当化していくプロセスとして捉えることもできます。投資と経営の全てに携わることができる仕事は、PEファンドをおいてほかにはないといっていいでしょう。

PEファンド業界のキャリアと報酬

【キャリア】

PEファンドで働くことは、能力開発的にも、キャリア的にも、報酬的にも非常に大きな魅力があります。PEファンドはまさに「経営×ファイナンス」という〝総合格闘技〟をいかんなく発揮できる業務であり、数年従事すれば飛躍的な成長と、それに伴ったキャリアの広がりが見込めます。

能力開発に関しては、投資業務を通じてM&Aの知識や、それに伴い財務、税務、法務、ビジネスの知識、総合的なファイナンスの知見を得ることができます。ハンズオンでのバリューアップの経験を通じて、組織を動かす力やリーダーシップ、経営幹部としての業務が学べますので、特に、ファンドの案件で経験した企業と同じような規模・業種・ビジネスを経営する能力が身に付きます。

キャリアの広がりに関して、PEファンドから次のステップとしては、転職される方は事業会社のCFOや同業のファンドが多い印象です。また、独立して事業会社を起業される方、ファンド業界の複数人で集まり新たなファンドを立ち上げる方々もいます。いずれにしても、ファンドに従事する前にはなかなか描けなかったキャリアであり、また、実力も十分について人脈も広がっているので、どの選択肢を選んでもリスクは低く、どこかしら活躍の場は見つけられるはずです。まさに本書がお勧めしたい、景気や会社に左右されないキャリアとなります。

【報酬】

報酬面も魅力の一つです。ファンドによってさまざまではありますが、通常の年俸である基本給は投資銀行等に比べると低く、概ね次のレンジが多いと思います（役職は一般的なもの）。

・アソシエイト：600万円～1、000万円
・ヴァイスプレジデント：800万円～1、200万円
・ディレクター：1、000万円～2、000万円
・マネージングディレクター：1、500万円～3、000万円
・パートナー：2、000万円～5、000万円

上記の基本給に加えて、キャリーと呼ばれる成功報酬の配分が非常に大きな金額となることがあります。キャリー配分のロジックはファンド毎に全く異なるため入社前に確認されることをお勧めします。また、当然のことながら、キャリーはファンドの運用成績に基づくボーナスですので、運用成績が悪いファンドではほとんど期待できません。

ある程度運用が上手くいっているファンドのディレクタークラスですと、数千万円ほどのキャリーボーナスが入ってくることが一般的です。マネージングディレクターやパートナークラスになると〝億円〟が見えてくるイメージでしょうか。いずれにせよ、普通のサラリーマンでは考えられない報酬になることは間違いありません。

インタビュー●1

PwCアドバイザリー合同会社 パートナー 福谷尚久氏

M&A／FAの業界動向、仕事の魅力

――これまでのご経歴とM&A業界におけるご経験について教えてください。

福谷 私のM&Aアドバイザー事始めは、三井銀行入行後に太陽神戸銀行との合併によって発足したさくら銀行（現・三井住友銀行）の事業開発部においてです。1990年代前半のことでした。その後、同行ニューヨークへの赴任を経て、2001年から銀行との合弁会社である大和証券SMBCシンガポールでアジア太平洋地域のM&Aを含めたコーポレートファイナンス、国際上場引受案件を統括しました。さらに、2005年には創業間もないGCAに入社し、中国やインドの現地法人の役員も務めながら、国内外のM&Aのアド

バイザーとして活動。社員数人のM&Aブティックが数百人規模に成長するのを経験した後、2015年からはPwCアドバイザリーのパートナーとして、ファイナンシャルアドバイザリー（FA）の仕事を手掛けています。

この間、約30年にわたって国内外のM&Aに関わり続けてきたわけですが、日本で実績のなかった〝初物〟案件に遭遇することも少なくありませんでした。90年代後半の銀行員時代には、当時戦後最大の、1兆円を超える負債を抱えて破産したリース会社の破産管財人のアドバイザーをして、日本初となる入札方式で営業譲渡を完了させました。また、GCAでも2005年のアパレル大手のMBOや、2007年のシティグループによる日興コーディアルグループの三角合併、GCAと米国の投資銀行サヴィアンの三角株式交換による経営統合、2000年代後半に活発化した敵対的買収に対する買収防衛策の導入など、当時前例もなかった難易度の高い案件に携わったり、会社として取り組んだりすることができたのは、非常に幸運でした。

――M&A業界で長らくご活躍されてきた福谷さんの目から見て、この業界はどのような変遷をたどってきたのでしょうか。

福谷　日本の社会・経済の動きと関連づけて考えると、M&Aの変遷も見えやすくなると思います。まず、日本においてM&Aの認知度が高まったのは1985年頃からです。当時は都市銀行が13行、長期信用銀行が興銀・長銀・日債銀の3行、信託銀行が7行存在していたのですが、これらのメジャーな銀行が相次いでM&A部門を設置したのが、この頃でした。レコフデータが日本企業のM&A件数に関する統計を作成していますが、この統計が1985年からスタートするのには、こうした背景があるのですね。もっとも、当時行われていたM&Aは会社の〝乗っ取り〟というイメージが強く、広く社会に受け入れられているとは言い難い状況でした。

少し時期を下り、バブル華やかなりし1990年前後になると、日本の大手家電メーカーや不動産会社による巨額の米国企業の買収など、ジャパンマネーによる海外M&A投資が増加します。いま振り返ってみると、M&A案件の大部分を占めていたのは事業承継だったのですが、当時は〝乗っ取り〟〝海外企業の買収〟など、派手な案件ばかりが取り上げられていました。こうした背景もあって、M&Aは特殊な存在として捉えられていたのですね。

このような状況に転機が訪れたのは、バブル崩壊後の1997年です。90年代前半から半ばにかけては社会全体で様子見をするような状況だったのですが、1997年以降、金融機関の破綻と相前後するようにして、日本のPEファンドのアドバンテッジパートナーズ、ユニゾンキャピタル、MKSパートナーズが台頭。こうした動きも一つのきっかけとなって、M&Aの件数は急速に伸び、一つひとつの案件も大型化していきます。さらに今世紀に入ると案件の多様化が進み、バラエティ豊かになってきます。話し出したらきりがありませんが、先ほど申し上げたMBOや三角合併、敵対的買収やそれに対する防衛策の導入はその一例です。この流れの背景としては、1999年の仏ルノーと日産自動車との資本提携が先鞭をつけるかたちで、外国企業による日本企業のM&Aが増えたことなどが挙げられると思いますが、いずれにしてもM&Aのトレンドが日本の社会や経済の動きと切っても切り離せない関係にあるのは間違いないところでしょう。

――コロナショックの影響については、どのように見ていらっしゃいますか。

福谷　新型コロナウイルスの影響が出始めた2020年2月・3月のあたりの想定では、破産・再生系の案件は増えるかもしれないが、M&Aの件数そのものは減るだろうと見立てていたのですが、幸いなことに2020年9月時点では、コロナショックによってM&A件数が急減したという感覚はありません。日本政府のカンフル剤的な施策もあるのでしょうが、一般的に〝夏枯れ〟の時期とされる7月、8月ごろから、M&A件数がむしろ増えてきた印象です。バブル崩壊やリーマンショックとは異なり、金融機能が麻痺することなく、必要なところには買収資金が向けられていることが大きいと思います。

――これまで手掛けてこられた案件のなかで、特に印象に残っているものを教えてください。

福谷　もう20年以上前の話になりますが、マンネスマンというドイツの鉄鋼・機械・通信メーカーが日本のある上場企業を買収する案件を、日本企業の売りサイドのアドバイザーとして担当したことがありました。マンネスマンは業歴が100年以上の、シームレスパイプや携帯電話事業を展開していた巨大企業でしたが、最終的にこの案件は条件が合わずにブレークしました。ところがその後、マンネスマンの携帯電話事業の将来性を見込んだ他国の同業者が、史上最高額（現在においても）でマンネスマンを買収し、携帯電話以外の事業は世界中のファンドに売り出されることになったのです。

これだけでも印象深い案件なのですが、後日談があります。マンネスマンの解体から数年後、ある会社から「ドイツ案件の経験はあるか？」という問い合わせをいただきました。マンネスマンの件を念頭に置いて「あります」と応えたところ、彼は次のように続けたのです。「切り売りされたマンネスマンの事業の一つが売りに出ていて、買わないかという誘いがきているんだ」と。私はマンネスマンの案件に関わっていた際、売却対象になっていた事業の工場を訪問したことがありました。当時のことを話すと「そこまで知っているのなら」ということで、アドバイザーを担当させていただくことになり、案件も成立。売りＦＡ担当時代の相手方である買い手会社の買収にアドバイザーとして関わることになるとは思ってもみませんでしたから、「こんなこともあるんだな」と自分でも驚きでした。

この案件に関しては、さらにもう一つ余談があります。Ｍ＆Ａの案件に本気で取り組んでいると、相手側のプレーヤーと濃密な人間関係ができることがあるものです。マンネスマンの案件も、例外ではありませんでした。当時の買収交渉が縁となって、私が米国のビジネススクールに入学する際、マンネスマンのボードメンバーの方に推薦状を書いてもらったんですね。この方とはいまでもお付き合いをさせていただいていますが、世界を舞台に活躍するビジネスパーソンと懇意な関係をつくることができるのも、Ｍ＆Ａアドバイザリーという仕事の魅力の一つだと思います。

――M&Aアドバイザリー職が担う使命、社会的価値については、どのように捉えていらっしゃいますか。

福谷　クライアントが社会的な使命を果たすことができるよう、業界、産業全体を俯瞰しながら経営の意思決定のサポートできるという点に尽きると思います。例えば、社会が有為転変を繰り返すなかで、市場からの退場を余儀なくされた企業を、別の会社の傘下に入れることによって、新たな可能性を花開かせる。あるいは、M&Aによって小さな会社を大きくすることで、社会全体に大きな価値をもたらすことのできる企業へと成長させていく。買収や売却というと悲哀を感じる方もいるのかもしれませんが、さまざまな企業を引き合わせ、M&Aを実施することで産業が活性化します。M&Aアドバイザーとは産業の新陳代謝を促す媒介役であり、産業界のプロデューサーといえるのではないでしょうか。

――M&Aアドバイザリー職の魅力、醍醐味について聞かせてください。

福谷　M&Aアドバイザリーの仕事は、まさに〝総合格闘技〟です。法律や会計・税務の知識はもとより、人間心理、政治・経済の最新状況など、ありとあらゆる事柄について日頃から目配りをしておき、状況に応じて〝合わせ技〟を繰り出すことができなければ、一人前の仕事はできません。この世界で仕事を始めて約30年が経つ今日でも、勉強を続ける毎日で、これまでの経験に安住することなど許されません。しかし、逆にいえば、日々、知らない情報、新たな知識に振れ、学び続けられるワクワクした日々を過ごせることが最大の魅力だと思います。好奇心旺盛な方にとってはたまらない仕事だと思いますよ。

インタビュー●2

株式会社日本M&Aセンター 取締役 業種特化事業部長 渡部恒郎氏

M&A／仲介の業界動向、仕事の魅力

――これまでのご経歴と、この業界でのご経験について聞かせてください。

渡部　京都大学在学中、インターンシップをきっかけに人材紹介のベンチャー企業に就職し、№2として経営に関わるようになりました。取締役を務めるかたわら、関連会社を設立し、年商3億円にまで成長させたのですが、別の会社でも経験を積んでみたい思い、大学卒業後2008年に日本M&Aセンターに入社しました。最初の4年間は会計事務所と提携しM&Aを支援する部署、次の2年間は、地銀を中心とする金融機関と提携して案件を創出する部署でM&Aに携わった後、2012年に業種特化事業部の立ち上げを行いました。約3年でわずか12名のチームで売上高約30億円規模の部署にまで育て上げました。正式な主担当として成約させたM&A案件は100件を超え、当社の最優秀社員賞も7年間のプレーヤー時代に3度受賞。売上も歴代の記録を更新してきました。また、業種特化事業部は、日本M&Aセンターのなかでもトップの売上を誇る部署にまで成長しており、国内におけるM&A仲介プレーヤーとしては№1の実績を挙げていると自負しています。

――印象に残っている案件について聞かせてください。

渡部　印象的な案件がたくさんあるので一つに絞るのは難しいですね。例えば、日本における公開買付け（TOB）のなかで史上最高のプレミアム率（グループ再編事例を除く）を記録した、メディカルシステムネットワークとトータル・メディカルサービスのM&Aは非常に印象的でした。あとは医師だった祖父の代からお付き合いのあった、大分県の永冨調剤薬局とメディカルシステムネットワークのM&Aも非常に印象深く残っています。

その中でもとりわけ強烈なインパクトがあったのは、途中でオーナーが亡くなってしまった案件です。コンクリートの耐震調査や福島原子力発電所のメンテナンスを手掛ける会社のM&Aだったのですが、会社分割の契約を交わしたものの成約前の段階でオーナーが亡くなってしまったのです。奥さんとは離婚されていたので、オーナーの株式の持ち分は相続がされるのですが、お葬式の最中に相続の相手である娘さんが現れ、遺産分割協議を経て、期日通りに成約することができました。M&Aの流れの中での会社分割の途中でオーナーが亡くなるというのは日本で初めての事例だったと思いますが、法律の勉強を積み重ねながら何とか成約に結び付けられたことは、いい思い出になっています。

――M&A仲介企業の担う社会的使命や価値について聞かせてください。

渡部　マクロな視点で考えると、M&A仲介とは、日本の産業バリューチェーンを正していく仕事だと思います。日本の生産性は先進国のなかで非常に低いといわれますが、その大きな背景として、中堅・中小企業が多すぎるという点が挙げられます。また、オーナー経営者が自前で経営し続けることが、社員にとってもベストの選択とは必ずしもいえません。M&Aによって規模を拡大し、経営を効率化した方が、中堅・中小企業の社員にとっても、社会にとって大きなメリットをもたらすことが少なくないのです。以前は銀行や商社が担っていた役割をM&A仲介会社が担っているということだと思います。

もっともM&A仲介業界全体としては、まだまだ未熟な部分があります。例えば、基本合意契約をした後に株価をノンロジックに下げて買収しようとする買い手の存在がありま す。それを防ぐには、法整備によってより良いM&Aができるルール作りに取り組むことが必要です。我々は業界のリーディングカンパニーとしてこういったM&Aのレベルアップやモラルの向上を進める役割もあると感じています。

――M&A仲介業という仕事の魅力、醍醐味について聞かせてください。

渡部　私自身の経験に照らしてみると、この仕事の魅力が本当にわかったのは、結婚し、子どもができてからです。独身の頃って、100%どころか、200%、300%の力を振り絞って仕事をするのが当たり前じゃないですか。でも、家族ができると〝仕事が全て〟というわけにはいかなくなります。ときには家族の生活を犠牲にしながら、会社の発展のために身を捧げなくてはいけないこともあります。

オーナー経営者のほとんどの方が命を削るようにして働いていると思いますが、こうした事柄を、身をもって理解できるようになってはじめて、温かみのあるM＆Aができるようになったという実感があります。それからこの仕事がますます面白くなりました。案件を成約に結びつけるだけなら誰でもできますが、M＆A仲介という仕事には、そこにとどまらない奥深い魅力があります。

インタビュー●3

山田コンサルティンググループ株式会社
代表取締役社長　増田慶作 氏
経営コンサルティング事業本部　事業部長　高橋淳郎 氏

事業再生の業界動向、仕事内容、そして仕事の魅力

――これまでのご経歴と、事業再生業界でのご経験について聞かせてください。

増田　もともと私は税理士をしておりまして、1991年、わが社と同じ創業者を持つ、「公認会計士・税理士山田淳一郎事務所」（現・税理士法人「山田&パートナーズ」）に入所いたしました。当初は主に事業承継案件を手掛けていたのですが、1990年代末に手掛けた大手金融機関との仕事をきっかけに、事業再生案件に携わることになりました。当時の金融

機関は、バブル崩壊後の生き残りをかけて不良債権の処理を進めておりましたので、多くの事業再生案件の主たるテーマは融資先企業のBSの整理でした。大企業の再生は金融機関の専門チームが自ら手掛けていたのですが、中堅中小企業の再生にはどうにも手が回らないというので、われわれに白羽の矢が立ったのです。

その頃は事業再生といいますと弁護士の仕事というイメージが強く、監査法人系を含め、会計業界で組織的に取り組んでいる企業はほとんどありませんでした。また当時は、民事再生法施行前でありましたので、事業再生に関する体型的な枠組みも整備されていない時代でした。こうしたなか、私たちは事務所の仲間10数名で事業再生のチームを立ち上げ、金融機関の再生部隊と日夜ディスカッションを行いながら、お客さまのもとにも通いつめ一から事業再生という事業を作り上げて参りました。

高橋 私は2004年に国際基督教大学を卒業後、当社に入社し、以来一貫して事業再生業務に携わってきました。入社直後は、RCC（整理回収機構）の企業再生スキームにしたがった事業計画を策定しリファイナンスを行う仕事や、DPO（ディスカウント・ペイ・オフ）など、BSの外科手術を手伝うような仕事が多かったのですが、2008年のリーマンショック以降は、金融円滑化法による債務のリスケジュールの仕事が増えました。また、リスケジュールの出口戦略として、スポンサー型の事業再生を手掛ける機会も数多く手掛けてきました。

――事業再生業界の最近の傾向、起きている変化について聞かせてください。

増田　大きく分けて2つの変化が挙げられます。一つはBSの改善だけでなく、PLの再生が求められるようになったことです。つまり、借入れのカットだけでなく、本業でどうやって稼いでいくかという課題の解決が求められるようになってきた。こうした課題は財務・会計の力だけでは何ともなりませんので、各業界で豊富な経験を積んできたメンバーにジョインしてもらい、彼らの知恵を積極的に活用しています。

もう一つは、我々やごく一部の金融機関を例外として、業界に事業再生のプロフェッショナルが非常に少なくなったことです。この数年来、事業再生ビジネスが少しずつシュリンクするなかで、事業再生コンサルをやめてしまった競合が少なくありません。金融機関でも、我々コンサルティングファーム業界でも事業再生業務に関わったことのある人材が減っています。来年以降、コロナショックの影響が深刻化し、資金繰りに苦しむ企業が増えてきたときに、誰が対応するか、事業再生のプロフェッショナルは一朝一夕に育てられるものではありませんから、今後、大きな課題になると思います。我々としても、採用と人材育成の両面で優秀な事業再生人材を早急に増やさないといけないと感じております。

――これまで手掛けてきた案件のなかで、ひときわ印象的なものについて、お話できる範囲で聞かせていただけませんでしょうか。

高橋　かなりシビアな状況に陥っていたとある地方のアパレル企業を、金融機関やスポンサーの支援を受けながら再生させたケースですね。この会社のメイン銀行からは、地域経済に与えるインパクトを考慮して、できるだけ信用毀損を起こさず、取引先にダメージを与えないようなかたちで再生させてほしいという依頼がありました。ただし、いろいろな事情が重なって、私たちが関与させていただくタイミングでは目先の資金繰りを繋げなければ民事再生しかない、というタイミングでした。私たちは約10名のチームで支援に入ったのですが、朝6時に社長をご自宅までお迎えに行って、そのままオフィスに入り、15時の会議に向けて実行可能な資金繰り計画や事業再生計画について議論する作業を繰り返しました。その甲斐あって、新たなスポンサーにつなぎの資金を入れてもらい、重くなっていたBSを整理。事業を存続させることができました。

支援先の社長には、スポンサーの決定といった大きな経営判断を下しながら、経営者責任、保証人責任を履行しつつ、事業を存続していただかなければなりません。この再生事案を何とか成功させることができたのはステークホルダーの協力と社長の胆力によるものが非常に大きかったと思います。今思い出しても非常にタフな案件でしたが、結果として従業員や取引先を守ることができたことが本当にうれしく再生コンサル冥利と言える案件でした。

――事業再生業界が果たすべき社会的使命とは何でしょうか。

増田　一にも二にも雇用です。もう少し正確にいえば、雇用の〝質〟を守るということですよね。事業を守るということは、とりもなおさず雇用を守るということです。「会社が破綻しても、社員は再就職すればいいのだから、何ら問題ないじゃないか」という方がいらっしゃるかもしれませんが、それほど単純な話ではありません。

私どものある調査では、支援先企業を40～50歳代で自主退職された方の再就職後の平均給与は、半分以下でした。会社の破綻は、雇用の〝質〟の破壊であり、社員とその家族の生活の破壊にほかなりません。ここをしっかり守るのが、われわれに課せられた使命です。ただし、このことに矜持を感じながら仕事に励むことは大切ですが、決して上から目線になってはいけません。お客さまのために、ただひたむきに力を尽くす心意気が大切です。

──事業再生コンサルという仕事の魅力、醍醐味について聞かせてください。

増田　若いビジネスパーソンがコンサルタントという仕事のベースを学ぶうえで、事業再生コンサルに勝るものはないと思っています。中小企業の社長と全面的にタッグを組んで、一緒にのたうち回りながら、難局を乗り切っていく。そのなかで、事業、そして経営のなんたるかを学ぶことができるからです。これほど経営者と近い感覚になることのできる仕事はないでしょう。地道な努力を続けた末の「あぁ、うまくいった、これで事業も雇用も守られる」というときの喜びには、何ものにも代えがたいものがあります。

ただし、その一方で、我々はあくまで第三者であることを忘れてはいけません。非常にシビアな言い方になりますが、社員には「あくまで他人事だよ。自分事ではないからね。そこを勘違いしてはいけないよ」と伝えるようにしています。というのは、社長に近づきすぎて、完全に一体化してしまうと、再生計画は客観性や実現可能性に乏しいものになってしまうからです。第三者として「この通りやれば再生できます」ということをお示しできなければ、金融機関などの信用を得ることはできません。つまり、経営者の目線に徹底的に近づくことが不可欠ですが、思いが入りすぎてもいけない。このバランスは非常に難しいところです。

高橋　経営状況を改善しようにも、お金がない、人が足りない、時間がない――。私たちのサポートによって、こうした制約を緩めることで、会社が本来持っている〝免疫力〟を高め、健康体を取り戻すべくお手伝いをする。我々がいなければ破綻をまぬがれなかったであろう会社や経営者に失った自信を取り戻してもらうきっかけをつくる。事業再生コンサルは本当にやりがいのある仕事だと思います。

事業再生には数多くのドラマがあります。主役はあくまでお客さまであり、私たちは黒子なのですが、「高橋さんに支援してもらってよかった」とお客さまにおっしゃっていただいたときには、本当にアドレナリンが出ますよね。ここにはまると〝再生ジャンキー〟になってしまってこの仕事をやめられなくなります。（笑）

インタビュー●4

大手PEファンド勤務　中堅社員　N氏

PEファンドの業界動向、仕事の魅力

――これまでのご経歴と、PEファンド業界におけるご経験について聞かせてください。

N氏　元々漠然と金融業界に興味があったことから、大学生のときに銀行や投資銀行でインターンを経験し投資銀行への就職を決めました。その後、同社の社員や業界の先輩方からいろいろな話を聞くなかで、PEを含めた投資という仕事の面白さに引き込まれていき、頼み込んで入社直後から投資部門に参画し、投資キャリアを本格的にスタートさせました。最初は、不良債権投資に従事し、年間何百件もの案件を手掛けました。当時は〝ハゲタカ〟と呼ばれた仕事であり、不良債権を1件1円～数億円でまとめて購入し、債権回収・企業再生を行っていました。だんだん知識や経験が広がると、2000年代後半にはPEや不動産系の投資も手掛けるようになりました。

その後、全く海外経験が無く英語力も低かったことから「このままグローバルに活躍できない人間では、いつか活躍の幅が限定される」という思いから、英語の勉強に本腰を入れて、米国でMBAを取得。帰国した後は、PE投資などの国内企業・資産を対象とした投資に加えて、海外での投資も手掛けました。その後、「もっとPE投資と向き合いたい」と思えたタイミングで転職を決め、2010年代半ばから現職のPEファンドで仕事をしています。

――PEファンドが担う社会的な使命・意義について聞かせてください。

N氏　2つの視点に分けて考えることが大切だと思います。一つは資金の運用者としての価値です。機関投資家にとってミドルリスク・ミドルリターンの属性を有するPEファンドへの出資は、株式や債券と並ぶポートフォリオの一部となっています。必ずしもPEファンドというかたちを取らなければいけないというわけではありませんが、株式や債券といった伝統的な運用手法に対するオルタナティブ（代替）として重要な役割を果たしているといっていいでしょう。

もう一つは投資先に対してもたらす価値です。オーナー経営者がご自身で経営して素晴らしい成長を遂げている会社は無数にありますし、大企業に発展する会社も少なくありません。多くの上場会社にとってはPEファンドのような特殊な株主は不要かと思います。このように、PEファンドは必ずしも必要な存在ではないのかもしれませんが、事業承継問題を抱える会社、ノンコアとなっている事業や課題を抱える子会社を外部へ売却しようと考える会社などにとっては、PEファンドを活用することが一つのソリューションとなっています。PEファンドは、そういったニーズを持つ会社や事業に対して投資を行い、5年程度の時間軸のなかで、一定の企業価値の向上を目指して経営の変革を加速させたり、後継者のいない会社を引き受け長期的に持続可能な経営体制を構築したりといった、外部の人間だからこそできる重要な役割を果たしています。資金の〝運用者〟であり、経営の〝変革者〟でもあるという点が、PEファンドの社会的意義といっていいと思います。

――ＰＥファンドの仕事の魅力、醍醐味について聞かせてください。

N氏　ＰＥファンドの役割は「プロデューサー」です。その魅力は、自らのスキルやノウハウをフルに活かして投資先企業の経営の土台をつくり、日々、自分たちの力で「アルファ」をつくりあげていけるというやりがいと知的な面白さ。そして、日々の積み重ねが、利益の分配というかたちでＰＥファンド自身に返ってくるという点にあると思います。自らの努力や工夫でアルファを積み上げていけるという点に関しては、投資後に変革や付加価値を与えにくい債権投資や不動産投資では得られない魅力です。また、日々の積み上げの成果がＰＥファンド、ひいては自分自身に返ってくるという点に関しては、事業会社や商社ではなかなか得られない魅力でしょう。

第4章
「経営×ファイナンス業界」が伸びる社会的背景

本書では、「経営×ファイナンス」の能力が身につきやすい業界として、M&A、事業再生、PEファンドの業界を取り上げていますが、本章ではこの業界が伸びる背景、そして、日本にとって極めて重要な産業である理由について述べたいと思います。

「経営×ファイナンス業界」の主たるプレーヤーは、会社売却ニーズのある事業会社と、それをM&Aにより買収したいPEファンドや買収ニーズのある事業会社、そしてその間を取り持つM&Aアドバイザー、加えて経営の行き詰まった企業の再生を行う事業再生ファームです。そして、上記プレーヤーを取り巻く、あるいは支援する存在として、買収ファイナンスや事業再生の依頼を行う銀行等の金融機関、M&Aを実行する際の各種分析業務（デューデリジェンス）を行うFAS系ファーム（財務DD）、戦略コンサル系ファーム（事業DD）、法律事務所（法務DD）などがあります（図6参照）。

このM&Aおよび事業再生を軸としたエコシステムは、リーマンショック以降右肩上がりで成長していますが、その背景に関しては、①事業再編、②業界再編、③事業承継という三つのキーワードで説明ができます。

まずは、日本でM&Aが行われ始めた1985年以降のM&A件数の推移をあらためて見てみましょう。波はあるものの1985年以降、基本的に日本のM&Aマーケットは拡

図6（図1再掲）「経営×ファイナンス業界」エコシステム概念図

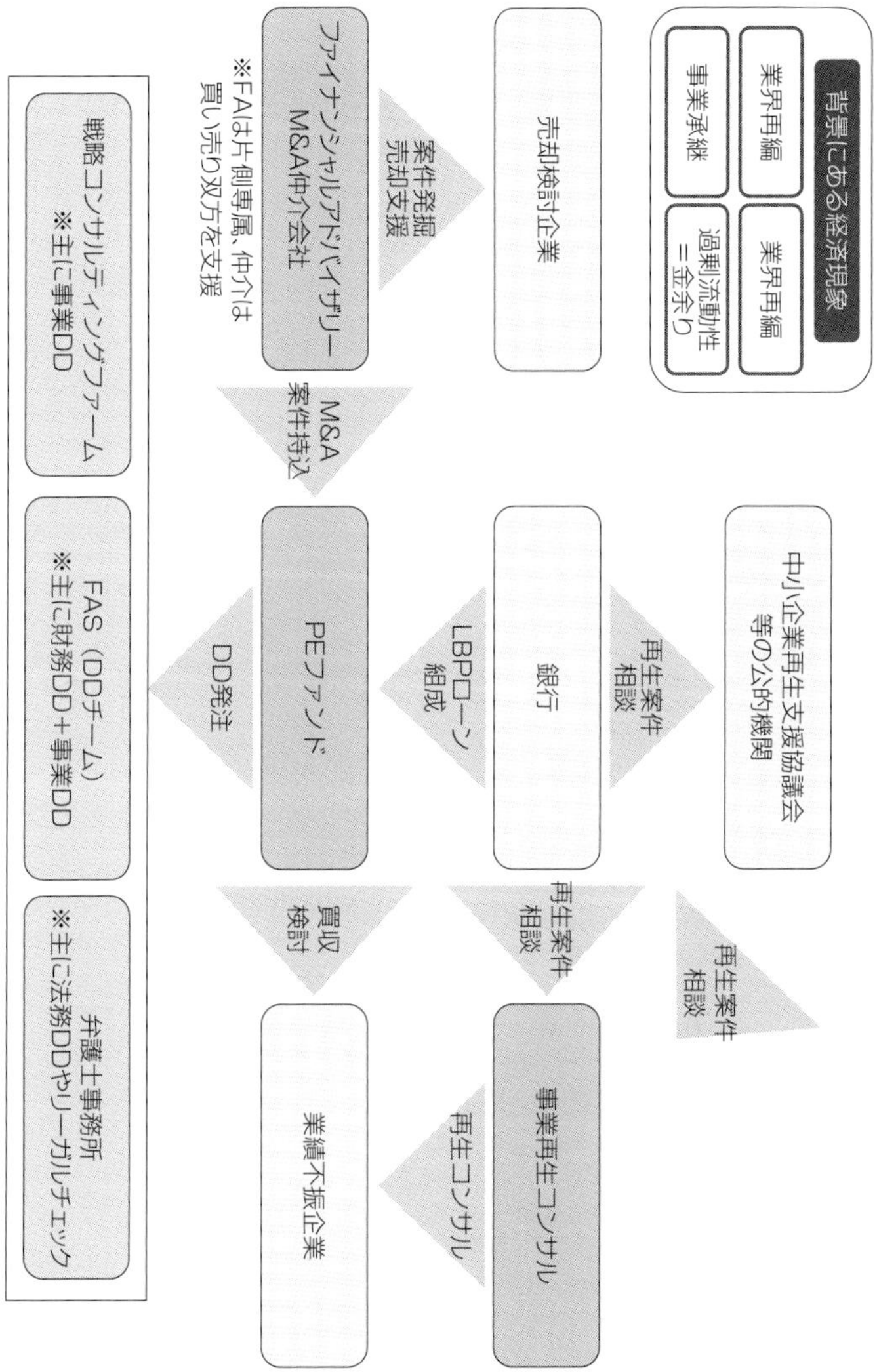

図７（図２再掲）

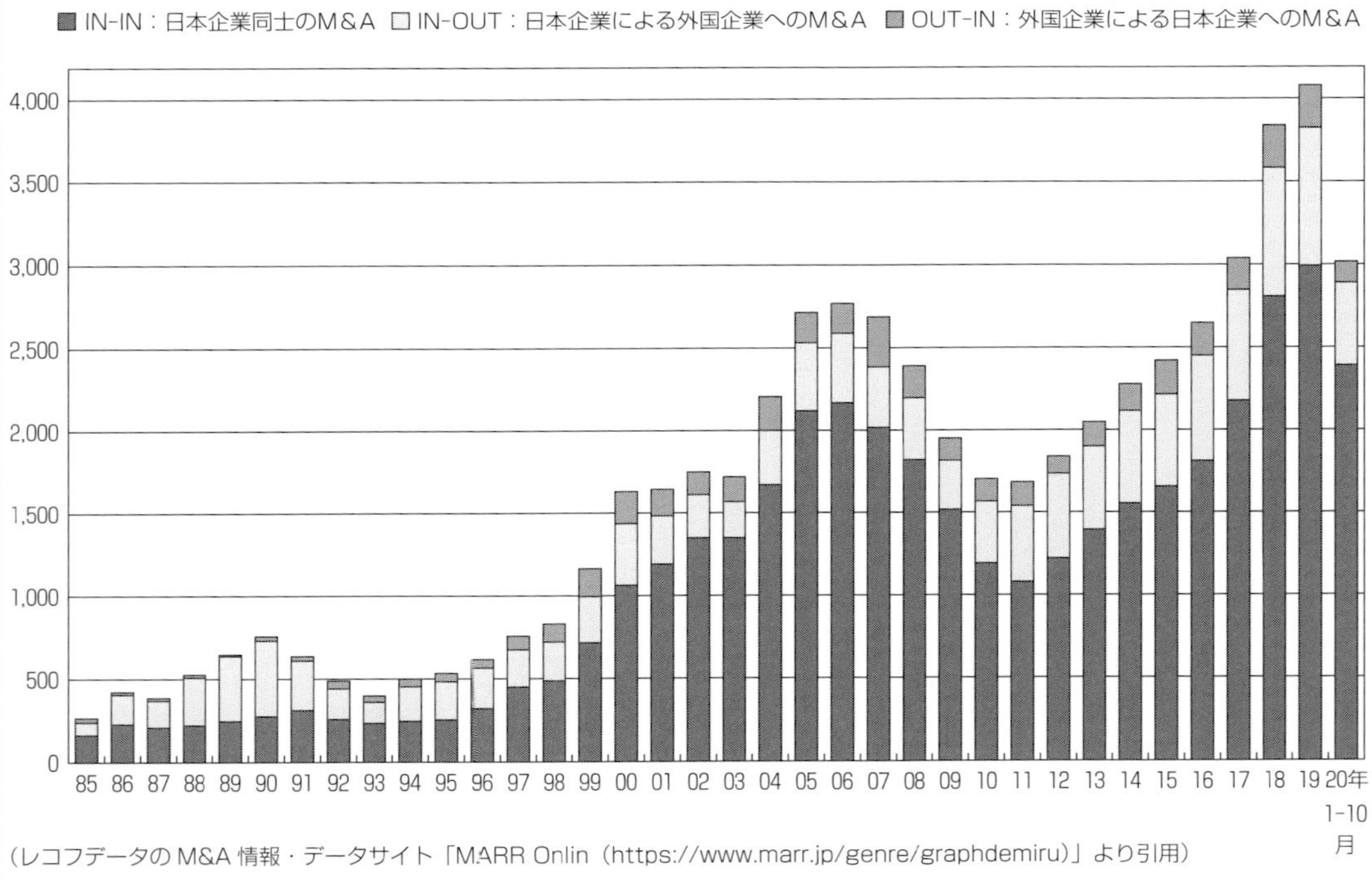

（レコフデータの M&A 情報・データサイト「MARR Onlin（https://www.marr.jp/genre/graphdemiru）」より引用）

大し続けています。リーマンショックで数年間減少が続きましたが、その後は毎年件数を伸ばしています。

また、コロナショックで急減するかと思いきや、ロックダウン解除後は元のペースに戻しています。著者のまわりのM＆AアドバイザリーファームやM＆A仲介の話を聞いていると、外部環境の急変により「ゆっくり考えていられなくなった、早急に意思決定しないといけないので、今すぐ相談にのってほしい」という問い合わせが急増しているとのことです。

ここからは、その背景にある三つのキーワードをみていきましょう。

事業再編

昨今のグローバル競争の激化やテクノロジーの急速な発展などの外部環境の変化により、ほとんどの業界で事業ポートフォリオの見直しが迫られているといっていいでしょう。事業の選択と集中のために非コア事業の売却や、強化したい領域の買収など、「事業再編型M＆A」が世界中で増えています。

例えば、2018年6月1日、経営難に陥った東芝が、PEファンドのBain Capital（ベインキャピタル）を中心とする企業コンソーシアムが設立したPangeaに対し、東芝メモリを譲渡価格約2兆円で売却したニュースはかなり話題になりましたので、記憶に新しいでしょう。このような大型の事例だけではなく、大小様々な事業再編M&Aが行われているのです。

また、現在足下でも、コロナショックの世界的な感染拡大によって引き起こされた、国境を超えたサプライチェーンの分断や、デジタルトランスフォーメーションへの急ピッチな対応の必要性から、投資銀行や各アドバイザリーファームに対して、一部事業の売却や成長戦略の変更に伴う買収相談が持ち掛けられるケースが急増しています。

リーマンショックショックと異なり、今回の経済危機は金融を発端としたものではありません。そのため買収側の意欲が落ちておらず、売り買いともに相談が急増したことで、各社の担当者は日々かなり忙しそうにしています。外部環境の変化が激しければ激しいほど、事業戦略の見直しや成長戦略の一手としてのM&Aや、経営の立て直しのための事業再生案件は急増します。今後とも変化の激しい外部環境が予想されますので、M&Aアドバイザリーや事業再生コンサル、PEファンドの活躍の場はますます増加するとみていいでしょう。

業界再編

業界再編とは、特定業界内の企業がM&Aで合併・買収等を繰り返し、業界勢力図が塗り替わることをいいます。業界再編といいますと、メガバンクや地銀などの金融機関や製薬企業など大企業同士の統合をイメージされるかもしれませんが、そういったニュースを見掛ける業界はすでに業界再編の最終期に差し掛かっています。実際の始まりは、経営体力のない中堅・中小企業の再編であることが少なくありません。

例えば、中小・中堅の調剤薬局や介護業界の同業合併が非常に盛んであることは、M&A仲介業界では有名な話です。多くの場合業界再編は、一度始まると止まったり逆戻りしたりすることなく進行し続けますので、これらの業界も最終的には大手数社に集約されるかもしれません。裏を返せば、大規模な再編が行われるときまで、M&Aアドバイザリーの支援が必要とされることが無数にあるということです。

「コロナ前に比べ、自社の属する業界でM&Aなど再編の動きがどうなるか聞いたところ、43・5%が「加速する」と予測した。「変わらない」が54・9%、「減速する」はわずか1・6%だった」――。これは2020年7月21日付の日経新聞WEB版に掲載されたアンケート結果ですが、やはり外部環境の変化が激しくなればなるほど業界再編ニーズは高まると考えるべきでしょう。

余談ですが、日本では一つの業界の企業は最終的に4社程度に集約され、なおかつ、大手数社の収益とそれ以外の企業の収益差が年々広がることが知られています。大手銀行の統合をみても、財閥系の金融機関と総合商社が各業界に与える影響の大きさから、三菱系・三井系・住友系・安田系の4社に向かって統合が進みました。

事業承継

最後に事業承継ですが、これは一番分かりやすいのではないでしょうか。昨今話題の中小企業の「事業承継問題」です。

帝国データバンクの「全国社長分析」や「全国オーナー企業分析」、国税局のデータから類推すると、2019年時点で60歳以上の経営者の数は日本に122万社あります。そのなかで後継者が決まっていないと回答している企業が63万社。さらに、そのなかで黒字を達成しているのは23万社です。経営者の引退の平均年齢を70歳と仮定すると、この23万社が少なくとも10年以内に、M&Aにより事業を承継するか、後継者を探し出すか、廃業するかを迫られるわけです。中小企業M&Aを主力事業とする上場M&A仲介3社（日本M&Aセンター、M&Aキャピタルパートナーズ、ストライク）のM&A成約件数と、中小企業向け経営コンサル及びM&A事業を主力とする山田コンサルコンサルティンググループの年間M&A成約件数を合計しても1、000件そこそこであることを考えると、事業承継型M&Aブームはこれからが本番と考えたほうがいいでしょう。

これら三つの経済現象は、経営における外部環境変化の激しさや、日本国内の人口減少、経営者の高齢化、後継者不在など、コロナ以降も変わる可能性が低いものばかりです。むしろ傾向としては強化されると感じます。

PEファンド業界の歴史

ここまで述べた「経営×ファイナンス業界」が今後も社会から求められる三つ理由に加え、バイサイドのPEファンドの歴史と、成長した要因についても少し触れたいと思います。

日本でPEファンドが活躍し始めたのは1990年後半頃からで、アドバンテッジパートナーズやユニゾンキャピタルが第1号ファンドを組成したのが始まりです。その後、国内系ではジャフコや東京海上キャピタルなどが続き、外資系ではローンスターやサーベラスなどの不動産・不良債権投資を主体としたプレーヤーが活躍しました。米国のカーライルやリップルウッドが日本オフィスを開設したのもこの頃です。この頃はPEファンドというものが日本企業の経営者の頭の中にありませんでしたので、ビジネスモデルや存在価値を投資先に理解していただくのに本当に苦労したというお話をよく聞きます。

2000年に入ると、日本で活動するファンド数は一気に増えました。CVC、シティック、KKRなど海外有名ファンドの日本参入です。CVCは2003年に日本オフィスを開設しタワーレコードや昭和薬品化工に投資、シティックは2004年に丸紅、新生銀行、住友信託などを投資家として第1号ファンドを組成しています。

また、国内企業では大手証券会社がプリンシパルインベストメント（自己資金投資）業務に参入。野村證券、日興証券、大和証券などが投資会社を設立し、中小から大型案件まで幅広い案件を手掛け、西武、すかいらーくのような案件における投資コンソーシアム*への参加も増えました。

＊**投資コンソーシアム**……コンソーシアムは、互いに力を合わせて共通の目的に達しようとする共同事業体のことであり、共同投資のこと。

再生系ファンドが活躍しだしたのもこの頃です。債務超過や法的整理の企業に対して積極的に投資を行う動きが増えました。2003年には産業再生機構が設立されカネボウやダイエーなどの大型案件から地方案件まで、幅広い再生案件を手掛けました。

2000年代中盤以降では、J－STARやニューホライズン、CLSAなど数々のプレーヤーが参入。2008年のリーマンショックでクローズになったファンドもありましたが、その後はまた継続的に多くのファンドが立ち上がっています。そして、ここ5年で一気に増えたのが、事業承継案件をテーマに投資をするスモールキャップのPEファンドです。著者の在籍した日本創生投資もその一つです。

時代のニーズに合わせて多様な投資を行ってきたPEファンドですが、変わらないことがあります。それは、投資家の資産を着実に増やし続けたファンドが成長しているということです。

PEファンドの成長はM&A案件の急増による投資機会の増加もありますが、世界規模での金融緩和を背景とする金余りによる運用難も大きな要因の一つです。2016年からマイナス金利政策をとっている日本をはじめ、世界的に低金利環境が続いていますので、国内外の機関投資家は比較的リターンの高いPEファンドへの投資に注目しています。

機関投資家の種別としては、銀行や年金基金、生命保険会社などが挙げられ、メガバンクのようなリスク許容度の高い金融機関だけでなく、第一地銀、第二地銀、信用金庫なども資金を拠出しています。バイアウトファンドの平均的な目標利回りは15～20％程度ですから、低金利環境における非常に有望な運用商品といえるでしょう。

コロナショックは実体経済に深刻な打撃を与えているものの、金融危機には結びついていないことから、コロナ以降もPEファンドの投資意欲は衰えていません。むしろ、上がりすぎていたバリュエーションが適正水準に下がり、投資しやすい環境が整ったといっていいでしょう。

ここまで本章ではM&A、事業再生、PEファンドの業界が成長する背景についてお話ししてきました。「経営×ファイナンス」能力の必要性や、M&A、事業再生、PEファンド業界が成長する背景はご理解いただけたのではないでしょうか。

いよいよ次の第5章では、M&A、事業再生、PEファンド業界ではどのような人材が活躍できるのか、どのようにすればこの業界に参画できるかをご説明したいと思います。

インタビュー●5

株式会社バトンズ 代表取締役社長 兼 CEO 大山敬義氏

事業承継・中小零細M&Aの市場性

——これまでのご経歴と事業承継・中小零細M&Aのご経験について聞かせてください。

大山　大学を卒業し、社会に出たのはバブル末期のことでした。大学在学中に、起業したのですがあえなく失敗、その直前に税務指導を受けたのですが、何せ当時帳簿もつけておらず、ん？会計？というレベルでした。しかしそれがきっかけとなり経営における会計の重要性を痛感し、新卒で会計事務所に入社しました。これがたまたま国内最大の相続専門の会計事務所で、私は事業承継に携わることになったのです。

当時の事業承継の主要テーマは相続税対策でした。法律の範囲内でできるだけ自社株の評価額を下げて、相続税を圧縮することが、〝事業承継対策〟と呼ばれていたのですね。

ところが、バブル崩壊後は、オーナー経営者の子どもが跡を継がないケースが増えてきた。こうしたなかで、第三者に事業を承継することで会社を存続させたい、ひいては会計士・税理士の顧問先を確保したいというニーズが高まってきたのです。

もっとも、会計事務所が単体で買い手を探すには限界があります。そこで、複数の会計事務所が連携して会社をつくろうという話が持ちあがりました。また、議論の過程で「第三者への事業承継」とは、要するにM&Aのことではないかという話になり、そうした会計士が出資してM&Aの会社をつくることになったのです。これが、「日本M&Aセンター」のはじまりです。私は会社の登記を担当するとともに、創業メンバーとして設立に参画。1991年から28年間、事業承継・M&Aの世界に身を置き、数百件の案件を手掛けてきました。


――大山さんは2018年、事業承継・事業譲渡のプラットフォーム・マッチングサイト「Batonz」を運営する、株式会社バトンズを創業されました。その背景について教えてください。

大山　日本M&Aセンター時代の仕事に心残りがあったからです。私が日本M&Aセンターで最初に手掛けた案件は、北区十条にあったソフトウェア製作会社で年商は約6、000万円でした。また、第3号案件では年商950万円の会社の事業承継を手掛けたこともありました。

しかし会社が大きくなって上場するとこうした小規模な案件は手掛けるのが難しくなってきます。理由は単純で成約までに多数の専門家を必要とする従来のやり方では採算が取れないからです。ただ、日本企業の大多数は小規模企業ですから、いつか再びこうした会社の事業承継M&Aも手掛けられればと、ずっとチャンスを伺っていたのです。

そのヒントは米国にありました。数年前に米国に出張した際、複数の投資銀行の担当者に「貴国では小規模のM&Aをどのように進めているのか」と聞いて回ったことがあったのですが、皆さん口を揃えて「知らない」というんです。それでもあきらめずに調査を続けていたところ、ある人が「あなたが言っているのはM&Aではなく、ビジネス・バイ、ビジネス・セルのことではないか。それは投資銀行ではなく、ビジネスブローカーの仕事だ」と教えてくれたんですね。

早速、カリフォルニア在住の日本人のビジネスブローカーに会いに行き、米国における小規模M&Aについてインタビューをしました。彼女曰く、米国では年商数千万円~5億円以下のM&A案件はほぼすべてビジネスブローカーと呼ばれる専門家が手掛けている。そして、驚くべきことに、買い手探しは基本的にインターネットで行なっているというのです。

実際、米国にはそのためのプラットフォームがいくつか存在し、最大手の Businesses-ForSale.com は約8万件の売り案件を公開していました。当時、日本M&Aセンターが抱えていた売り案件は1、500件程度でしたから、想像もつかないレベルでした。

いつか日本でもこうした〝革命〟が起こるに違いない。そう確信した私は、帰国後、実験的なシステムを立ち上げました。そして、何年かの実験でネット上の案件の取り扱い方や秘密保持などに大きな問題が起こらない方法を確立したうえで、2018年9月に「Batonz」をスタートさせたのです。ちなみに、2020年9月現在、バトンズが受託し、公開している売り案件は2、500件です。また、2019年の新規受託数は1、300件で、2020年は2、250件を目指しています。

――中小・零細企業のM&Aマーケットは、これまでどのような歴史を経てきたのでしょうか。その変遷について、大山さんの目線で感じることを聞かせてください。

大山　２００８年のリーマンショックで一度は足踏みしたもののＭ＆Ａマーケットは確実に拡大を続けています。その背景として挙げられるのは、「事業承継」と「業界再編」の２つの流れです。まず、事業承継に関しては、国のイニシアティブによるところが大きいと思っています。例えば、政府は２００６年に「事業承継ガイドライン」を策定し、事業承継の出口として親族、従業員、Ｍ＆Ａの３つを明示しました。いわば、第三者への事業承継が〝国策〟として打ち出されたことが、Ｍ＆Ａの増加を強力に後押ししたのは間違いないところでしょう。

一方、業界再編については、２００４年を頂点にした「人口減少」の影響が大きいと思います。業界再編とは、いわばトーナメント方式の〝Ｍ＆Ａ合戦〟であり、資本の論理が貫徹するシビアな世界です。バブル崩壊後の銀行の統合を思い浮かべていただければわかるように、地域における中小企業・小規模事業者の統合によって火ぶたが切られると、全国で三つないしは四つの企業グループに集約されるまで、Ｍ＆Ａ合戦が続きます。業界再編が起きるのは、業界全体の利益が減って、パイの奪い合いが熾烈になるときです。人口減少とともに国内マーケットが縮小しはじめた結果、衣食住に関連する業界から再編がスタート。こうした流れがさまざまな業界へと飛び火したことが、Ｍ＆Ａの増加を加速させているとみていいでしょう。

――コロナショックの影響については、どのように考えていらっしゃいますか。

大山　新型コロナウイルスの感染拡大がはじまった当初は、M&A案件は間違いなく減るだろうと思いました。2008年のリーマンショックでは、国内M&A市場は40%近く縮小し、回復までに2年半を要しました。日本M&Aセンターも9期ぶりの減収減益を余儀なくされ、苦く、強烈な印象が残っているだけに、恐怖以外の何物でもありませんでした。

しかし、幸いなことに、事態は、私の予想を裏切るかたちで展開します。リーマンショックの際は、買い手の急減とともにM&A市場全体がシュリンクしていったのですが、コロナショックでは買い手が全く減らなかった。それどころか、むしろ増加したのです。その要因としては、コロナショックが金融危機ではなかったことに加えて、売り手のバリュエーションが適正化し、ファンドなどの買い手にとっては安価で買収できるチャンスが拡がったこと。さらに、「選択と集中」よりも、「分散」によるリスクヘッジが重視されるようになったことが大きいと思います。

コロナショックから学ぶべき最大の教訓は、コア事業に経営資源を集中しすぎると、コロナショックのような劇的な変化に適応できず、会社ごと吹っ飛びかねないということです。つまり、M&Aによって第2、第3の核をつくり、経営の冗長性・多様性を高めるなど、リスクヘッジの仕組みを構築しておかなければ企業の存続は難しい。これにいち早く気づいた経営者が、買い手としてM&A市場に参入するケースが増えているわけですね。

その一方で、売り手側の認識も大きく変わりました。コロナショック以前は長らく好景気が続いたこともあり、「とりあえず、待とう。事業承継については、あと5年くらい様子を見て、それでもいい後継者が見つからなかったら考えよう」といった具合に、余裕をもって構えていたオーナー経営者が少なくなかったと思います。

ところが、Withコロナの時代に入り、事業の先行きが全く見通せなくなったことで、「そんな悠長なことを言っている場合ではない」と。「今すぐに動かなければ、会社の存続すら危うい」と考える経営者が増えたのです。私見では、優れた経営者ほど、いち早く決断し、事業承継に向けて積極果敢に行動している印象です。

――中小・零細M&A市場の未来について、展望をお聞かせください。

大山　2つの変化に注目すべきでしょう。一つは、コロナショックによる買い手・売り手双方の変化とともに、事業承継のトレンドが3～5年ほど前倒しになったということです。これについては、業界全体のピークアウトが従来の予想よりも早まったという解釈も可能だと思いますが、今後数年間、事業承継・中小零細M&A市場がかつてとは比べものにならない勢いで急拡大するのは間違いないと思います。

もう一つは「ネット化」です。もともとM&A業界はIT化が遅れていましたが、コロナショックをきっかけに確実に変わりつつあります。今後は、年商5億円以下の小規模なM&A案件の大半がオンラインのマッチングプラットフォーム上で売買されるようになるとみています。バトンズが受注・公開する売り案件も3~4年後には1万件を超える見込みですが、想像できないほど膨大な売り案件を誰もがみられる世の中がやってくるのです。こうした不可逆的な変化を甘くみていては痛い目をみます。今後、ネット化に対応できる会社とできない会社の間で埋めがたい差がつき、業界全体で淘汰が進んでいくはずです。

こうした「ネット化」がもたらす影響についてはさまざまな意見があると思いますが、若手ビジネスパーソンにとって、いまが大きなチャンスであることは間違いありません。例えば、ウェブ会議ツールが浸透したことで、一人のM&A仲介マンが日本中、いや世界中の案件を手掛けられるようになりました。また、トランザクションやネゴシエーションをオンラインで行うことも当たり前になりつつあります。こうしたツールを自由自在に使いこなす力と、若者ならではの柔軟性を武器に、M&A業界を引っ張っていただきたいと思います。

インタビュー●6

一般社団法人日本プロ経営者協会 代表理事
スモールキャップPE投資ファンド パートナー 小野俊法 氏

スモールキャップPE投資の市場性と未来

――これまでのご経歴と、スモールキャップPE投資のご経験について聞かせてください。

小野　慶応義塾大学を卒業した後に不動産ファンドの「ダヴィンチアドバイザーズ」に入社したのがキャリアのスタートです。数年間、都心のオフィスビルのアセットマネジメント業務に携わった後、オポチュニティを感じて海外に渡航、海外で起業しようと一念発起して、バングラデシュで不動産ファンドを設立すると同時に、スモールキャップへの事業投資をスタートさせました。

家庭の事情から日本に帰国することとなり、その当時これからの日本経済において事業承継が最大のテーマになる事を察し、2008年に帰国した際に中小企業を投資対象としたPEファンドへのキャリアを目指すために、会計BIG4系のM&Aアドバイザリーファームであるアーンスト・アンド・ヤング・トランザクション・アドバイザリーサービスを経て、ACA株式会社に入社、後にACAから独立したPEファンドで足掛け10年以上にわたり、日本の中小企業への事業投資に携わってきました。

この間の投資件数は、個人資金で行ったものも含めて、40件近くに上ります。投資対象は営業利益ベースで5,000万円~5億円、売上高ベースで最大50億円程度でした。公式統計はないのであくまで自称ではありますが、個人としては国内ナンバーワンの現場での投資経験件数を持つファンドマネージャーと自負しています。

――スモールキャップPE投資マーケットは、これまでどのような歴史を経てきたのか。その変遷について、小野さんの目線で感じることを教えてください。

小野　まず、私がスモールキャップ投資に携わりはじめた15年くらい前の雰囲気からお話しましょう。当時はM&A仲介会社が、まさに成長期に差し掛かろうかというタイミングだったのですが、案件はあるにはあるけれども、ファンドなど純投資のプレーヤーに流れ込むものは今と比較して少なく、今日のように案件が溢れているという感じはまったくありませんでした。11年前くらいにPE投資を行うチームに入りましたがPEファンドの理解が中小規模のM&Aを取り扱う仲介会社等に浸透していなかったこともあったのに加え、仲介会社との関係を作り良い案件に投資するやり方に慣れている不動産投資業界から入社した私から見ると稚拙な方針だったため、あまりいい案件を紹介してもらえる存在ではなかったということもあるのですが、新規の案件の獲得に苦労しました。ただ、そのタイミングで私が思ったのは歴史が浅いこの市場には不動産業界のようなビジネスセンスに長けたプレーヤーがほとんど存在しない、ということで、とてつもない可能性を感じました。

こうした状況が変わりはじめたのは、10年ほど前だと思います。2007年に東証一部に上場した日本M&Aセンターに続き、M&Aキャピタルパートナーズなどの M&A仲介会社が、上場を視野に入れて動きはじめた時期のことです。この頃から、私が所属していたチームもいい案件に投資できるようになってきたのですが、当時全盛だったアドバンテッジパートナーズやユニゾンキャピタルなどミッドキャップのファンド、外資系PE

ファンドが世間の注目を浴びる一方で、スモールキャップのＰＥファンドが業界の話題に上ることはほとんどありませんでした。実際、一部の例外を除けば、ＰＥ投資を活発に行っていると言えるスモールキャップのＰＥファンドはほとんどなかったと思います。私が所属したチームでは試行錯誤を重ねてマーケットでの知名度や実績も出てきたこともあり、徐々に優良な案件の獲得が進み始めたのを実感いたしました。

こうした状況を経て、２０１５年頃からスモールキャップＰＥファンドも本格的に盛り上がってきています。私が所属していたチームは、この流れの中心にいたと自負していますが、いい案件が次々と流れ込んでくるようになってきました。当時から提唱していたスモールキャップの事業投資手法も着実にチームに定着し、実績が上がり続けました。

さらに最近は、中小企業のオーナー経営者の高齢化が一段と進み、Ｍ＆Ａによる事業承継のニーズが高まったこともあり、スモールキャップに活発に投資するファンドが増加し、個人が中小企業のＭ＆Ａを行う流れも出てきています。

こうした変化を踏まえれば、スモールキャップＰＥ投資マーケットはすでに成長期に入っており、５年後には飛躍的に伸びるのは間違いないと思います。ただし、その一方で、きちんとしたノウハウを確立しているプレーヤーが今でも多くは存在しないということも事実として認識しておかねばなりません。

――コロナショック以降、スモールキャップPE投資マーケットは、どのように変化していますか。

小野　大きな変化としては、次の2点が挙げられると思っています。一つは、PEファンドからみて魅力的な譲受け案件が増えたことです。この数年、好景気が続いたこともあり、中小企業のオーナー経営者は「売り時」を見極めるのが難しい状況に置かれていました。「足元は安定しているし、もう少し様子を見よう」「もう2、3年待って、それでもいい後継者が見つからなければM&Aによる事業承継を考えようかな」といった具合に、悠長に考えるオーナー経営者が少なくない印象でした。そういうことなので譲渡価格（バリュエーション）も高どまり、投資する側としては手が出しにくい案件も多い状況が続いていました。

　ところが、コロナショックを機に、「売り時は今しかない」と考えるオーナー経営者が急増したように感じます。コロナショックによって深刻な影響を被っている企業は全体の約3割程度に過ぎないといわれているにもかかわらず、「コロナでこの先、何が起きるかわからない」「もっと厳しい状況に陥ったら、売れなくなってしまうかもしれない」という不安が高まってきたわけですね。こうした背景のもと、数年以内に売りに出されると見込まれていた案件が、ここにきて一気に出てきた印象です。

一つ目の裏返しですが、これまでであれば投資できた案件の業績が悪化し、投資が難しくなってしまった案件が増えているという側面もあります。この数年間インバウンド需要などによって好調を続けてきた飲食業やホテル・観光業は、コロナショックによって客足がピタリと止まり、大きな打撃を受けました。こうした状況のなかで、「この先どうなるかわからない」「いまの状況が2年も続けば、終わりだ――」と、恐怖に駆られて売却を急ぐオーナーが増えているのですね。このような経緯で売りに出される会社は、コロナがいつ収束するかによって、破綻する可能性もあれば、V字回復する可能性もありますが、何れにしてもハイリスクな投資になることは間違いありません。こうした判断の難しい案件が増えているという点も、コロナショック以降の変化の一つです。

ファイナンスの観点では、やや銀行の買収ファイナンスが付きにくくなっているという話も聞いていますが、リーマンショックのような金融危機に陥っているわけではありませんので投資実行ができないような状況ではありません。

――スモールキャップPE投資ファンドの使命、社会的価値はどこにあると思いますか?

小野　私自身、宮城県の片田舎、人口4万人くらいの街で育ったこともあり、「地方創生」というテーマをずっと胸に秘めて、これまでの仕事に取り組んできました。ご存じの通り、地域経済を支えているのは中小企業です。日本全体でみてもGDPの50％超を中小企業が占めているのですが、地方に行けば行くほど、その重要度は高まります。中小企業の再生なくして地方創生は考えられないと思います。

地方創生のテーマの中で最も重要な地方の経済・雇用を支えているのは中小企業ですが、地方の中小企業が抱える課題のなかで最も深刻なのは、事業承継の問題です。すでに経営が立ち行かなくなっている会社の廃業は致し方ないとしても、最近は、黒字を維持し続けているにもかかわらず、後継者がいないから会社をたたもうというオーナー経営者が増えてきています。事業承継の需要が激増している一方で、こうした地方の小さな中小零細企業を買収して、事業継承の潤滑油になれるファンドは多くありませんし、このマーケットでのやり方を熟知しているプレーヤーも多くないので、その需要を埋める我々の活動には非常に高い社会的価値があると信じています。

――ファンドからみたスモールキャップPE投資の事業的可能性について、どのように感じていらっしゃいますか。また、課題があるとすれば何でしょうか。

小野　先ほど申し上げたように、中小企業の事業承継のマーケットは活発化している一方で、〝やる人〟、すなわちスモールキャップに投資するファンドがまだまだ足りません。その意味では、スモールキャップPE投資マーケット、さらに小規模な企業に投資するマイクロキャップPE投資マーケットには、非常に大きなチャンスがあると考えています。

――スモールキャップPE投資マーケットに参入するファンドがなかなか出てこないのは、なぜなのでしょうか。

小野　案件が足りないわけでも、投資する資金が足りないわけでもありません。ひとえに〝人〟の問題であり、リターンをあげる仕組みの問題だと思っています。スモールキャップに投資するPEファンドはいくつかありますが、その多くは〝ハンドメイド〟といいますか、一件一件、自分たちで案件をつくり、ハンズオンで経営支援を行い、バリューアップを図っています。しかし、大きな資金を運用していないスモールキャップを対象とするファンドでは一社当たりの会社に投資する金額が小さいことから社内の人数や掛けられる工数には限りがありますから、こうした仕組みでは、それほど数をこなせません。年間10件も手掛けられれば御の字という感じでしょう。

そうなると、ある程度、利益規模の大きい案件を手掛けなくては、手間がかかるだけで割に合わないということになります。こうした事情がスモールキャップPE投資マーケットへの参入を難しくしているのです。

――こうしたハードルを、小野さんはどのようにして乗り越えていらっしゃるのでしょうか。

小野　私の過去の個人の投資件数で培ったノウハウですが、ハンズオンの主たる部分を自分たちで手掛けるのではなく、「プロ経営者」に多くを任せると同時に高いインセンティブを付与し、自分達は黒子役に徹することです。「人に任せるのは、ファンドとしてどうなの？」という意見があるのですが、私がこれまで手掛けてきた案件を分析したところ、プロ経営者に任せた方が多くの案件を手掛けられるうえに、高額のインセンティブをプロ経営者に支払った上で計算しても自前で全てをこなした案件と比較して投資家に対してははるかに高いリターンを提供でき、投資先の事業承継にも大きな貢献ができる、ということがわかりました。

今のPEファンド業界の誤解は、自社でやらなければいけないと考えられている点ですが、むしろ思い切ってインセンティブを与えたプロ経営者に任せるからこそ、PEファンド単体では不可能なバリューアップを数多くの、事業承継を必要とする中小企業に対して実行することが可能になるのです。一社一社への工数が限られているから、小さい企業には投資できないという状況から、工数には際限がないのでいくらでも投資ができるという状況が作れるわけです。プロ経営者を積極的に活用することで、投資家への高いリターンはもとより事業承継問題が深刻な日本経済、日本社会に対しても、他のやり方ではできない大きな価値をもたらすことができるのです。

もっとも、こうした仕組みを現実のものとするためには、プロ経営者、その候補者を数多く抱えておかなくてはいけません。こうした認識のもと、2019年7月に、本書執筆者のお一人の堀江さんと共同で設立したのが「一般社団法人日本プロ経営者協会」です。

プロ経営者として活躍している方のほか、優秀な若手・中堅サラリーマン、コンサル出身でプロ経営者になりたいという志を持った方々が集まるコミュニティで、2020年9月現在、登録者は約300人に上っています。こうした方々とファンド、その投資先である中小企業のオーナー経営者とのマッチングの場を提供することで、事業承継という日本が抱える大きな課題の解決に寄与していきたいと思っています。

共著者対談

和田耕太郎 × 堀江大介

「経営×ファイナンス」キャリアの魅力

――これまでのキャリアについて、あらためて振り返ってください。お二人は野村證券の同期ですね。なぜ、野村證券を志望されたのでしょう。また、退社を決めた理由についてはいかがでしょうか。

堀江　学生時代に株式を購入していたこともあり、経済や政治、社会の流れを反映している株式マーケットというものに関心があったため証券会社を選びました。その中でも直観的に野村證券の社員の方々が一番本気で仕事をしている印象を受けたため同社に入社しました。

私が最初に配属されたのは北海道の旭川支店でした。旭川市店では4年ぶりの新人でしたので、あまり新規営業がされていなくて、3年弱の間のびのびと営業をさせてもらったなという印象で、当時の上司の皆さんには本当に感謝しています。

もう時効ということで言いますが、北海道は信号が少ないので車のスピードを出しすぎてですね、何度も免許停止になりました。本当にご迷惑をおかけして、当時の上司の皆さんには今も頭が上がりません。しかし面白いことにみんなが車で営業しているところ私は大雪の中で誰も営業していない駅の近くの飲食店やビルオーナー、そして一部の一次産業企業に集中的に営業をすることになりまして、そんな営業マンは他にいませんので、お客さんである経営者に大変可愛がって頂き、同期で上位1%程度の成績を残すことができました。この体験は、「他がやらないことをやる」、「捉え方次第で全てがギフトになる」という大切な教訓を得ました。

経営者に対して営業活動を行っているうちに、だんだんと自分もそうなりたいという気持ちが高まってきました。当時は、本書のいう「経営×ファイナンス能力」のことも何も知りませんでしたので、とりあえず社長の横で働けるような小さい会社に行ってみようじゃないかと思い、ご縁のあった渋谷のＩＴベンチャーに転職しました。

和田　私は正直、そこまで深く考えずに「金融業界は報酬が高そうだし、大きな仕事に関わることができる」くらいのイメージで就職活動をしていました。私が就職活動をしていた頃は外資系投資銀行が大変人気でしたので、ゴールドマン・サックスやモルガン・スタンレーに入社できれば就活の勝者というイメージでした。そこで私も外資系投資銀行をいくつか受けたのですが全然受からず――。「このままだと、どこも受からないんじゃないか」「投資銀行部門だけを受けていくのは危険ではないか」と思い、野村證券は総合職で受けました。どこに配属されるかわからないけれど、採用人数は多いし、最終的には投資銀行部門に行けるかもしれないという思いもありました。幸いにも内定をいただくことができ、業界のトップですし、社員の方の熱量にも圧倒され魅力を感じ、野村證券に入社しました。

野村證券では東京都の小岩支店に配属されて約3年半、リテール営業に携わりました。リテール営業は個人の方の資産運用に携わるため、日々お客様と接する中でコミュニケーション能力は非常に磨かれたと思います。支店の数字に貢献することにもやり甲斐を感じていましたが、やはり法人向けのビジネスに関わらない限りこれ以上の成長は無いと考え、一刻も早く法人向け営業や投資銀行部門に行きたいと思うようになりました。

そのようなかで転職を志したわけですが、特にポジティブなきっかけがあったわけではありません。首都圏勤務の次は地方への異動になることが想像でき、もしそうなれば転職活動はやりづらくなってしまう。それならば都内にいるうちに転職活動しなければと思い、法人向けの金融に携われる会社を中心に転職活動を始めました。その中でご縁のあったGEキャピタルに入社しました。

――その後のキャリアについて聞かせてください。堀江さんは、ITベンチャーに入社後、どのような経緯でヤマトヒューマンキャピタルを創業されるに至ったのでしょうか。

堀江　野村證券の後に入社したITベンチャーは、非常に活気があり楽しい方々の多い素敵な会社だったのですが、しばらく働いてたぶん自分はWEBの人間ではないのだろうな、と思いだしまして、ベンチャーは好きだけどそんなにWEBマーケに関心が強くなくこれで起業するのも違うなと。

このときに自分は何がやりたいのだろう、何に思い入れがあるのだろうと、じっくり考えたんです。野村證券時代に、自分の生き方、生きる意味に深く悩んだ分、そのテーマに非常に強い関心がありました。またそのようなときに出会った恩師とのご縁で人生が切り開かれた感覚があり、自分も人様の人生を切り開けるような人間になりたい。また、キャリア支援を通じて、自分自身の人生の探求や人はどのように人生選択をすれば自己の可能性を最大限発揮できるのかという人間探究するのも面白そうだと思い、人材業界に関心を持ちました。

そして転職したのが前職の人材紹介会社です。この会社はコンサルティング業界への転職に特化した人材紹介会社でしたが、私はコンサルバックグラウンドではないため、自分なりのポジショニングをとらないと生き残れないと感じ、強みを発揮できる分野を開拓しました。それが弊社の得意とする「経営×ファイナンス業界」でした。M&A、FAS、事業再生、ファンド業界における実績を少しずつ積み上げ、現職を創業することになりました。

――和田さんはGEキャピタルを経て、スモールキャップのPEファンドの日本創生投資に入社されますね。その間の流れについて聞かせてください。

和田　GEキャピタルではサービス産業営業部に所属し、法人向けのリースファイナンスを担当しました。私が与信をつけることによって店舗がオープンするなど、結果が見えやすく、オーナー経営者様からも非常に感謝されるので、仕事のやりがいも感じられ、かなり充実した時間を過ごすことができました。また、GEキャピタルには、グローバル研修の仕組みやプログラム（特待生）など、グローバルキャリアを築く道も用意されており、プログラムに選抜されるために、営業を頑張ったり、中小企業診断士の資格を取ったり、英語の勉強にも力を入れたりと、かなり燃えていました。

この頃には数多くの企業経営者と接するようにもなり、自然と経営や投資に対する興味関心が湧き、GEのプログラムの中でも特にファイナンシャル・マネジメント・プログラム（FMP）という、ファイナンスのプロになるコースを志望していました。まさに経営とファイナンスを実務で学び、GEのリーダーとなるプログラムです。

ところが、2年目も終わりに差しかかった頃、会社が売却されることになり、そのようなキャリアの方向性が絶たれてしまいました。GEキャピタルからSMFLキャピタルに社名変更された後もしばらく働いていたのですが、このまま残っても経営や投資に関わる仕事はできないと感じ、当時、人材紹介会社に移っていた堀江さんに相談し、再び転職を志すことにしました。そこで、紹介してもらったのがPEファンド「日本創生投資」だったのです。

「日本創生投資の社長と話してきたんだけど、面白い人だったよ。PEファンドならまさに経営や投資に関われるし、ここ受けない？」という連絡をもらったのはいまでも覚えていますよ。

堀江　確か、あのときPEファンドで紹介したのは、日本創生投資だけでしたよね。

和田　ええ。M&A仲介会社も紹介してもらって何社か受けてはいたんですよね。あのタイミングでM&A仲介会社に入っていたら、国内中小企業の事業承継課題に対してかなり早い段階で携わることができ、報酬的にも魅力的なものがあったかもしれません。しかし、日本創生投資の話を紹介してもらい、「ここに入れたら本当にやりたいと思っていた仕事がいきなりできるし、給料が下がってでもなんとしてでも飛び込みたい」と思ったんですよ。

堀江　それにしても、よく受かりましたよね。完全業界未経験でファンド業界に転職できたのは流石だなと。この転職で人生がかなり前進しましたね。

和田　堀江さんの後押しがあってこそなんですが、運とタイミングも大きかった。代表の三戸さんが、「実績ある人を採用するよりも、未経験の素人をポテンシャルで採用して、育てたほうがいい。」という方針になっていたタイミングだったんです。

堀江　日本創生投資さんは当時まだ創業間もないファンドでしたが代表の三戸さんと和田さんの絶妙なフィット感のようなものを感じたんですよね。

和田　日本創生投資への入社から約2年間、三戸さんとほぼ二人きりで仕事をし、ソーシングからエグゼキューション、バリューアップ、エグジットに至るまで、PEファンド業務の全てを経験させてもらいました。このときの経験が私のキャリアを開いてくれたのは間違いありません。日本創生投資には契約社員として入社し、完全未経験者なので年収のベースも300～400万円くらい下がったのですが、このとき「飛び込んでみよう」と決断できた自分を褒めたいですよね。

堀江　未経験でPEファンドに入社して、何に一番苦労しましたか？

和田　圧倒的にM&Aのエグゼキューションですよ。新卒であれをやっている人たちは本当にスゴイと思います。あれだけ検討項目が多くて、周りを巻き込みうまく立ち回らなくてはいけないプロセスは本当に大変でした。誇張なく、入社前に数十冊は専門書を読んで勉強し、流れはある程度つかんではいたものの、投資基準におけるチェック項目の精査や、それに伴うQ&Aは何をどこまで聞いたらいいのかなど、具体的なことは現場で一つひとつ身に付けていくほかありませんでした。答えがない課題ばかりなので「明日の会議、生きて帰ってこられるだろうか」というようなプレッシャーを感じることはよくありましたし、あれほど頭を使ってハードワークしたことはありませんでしたね。

どうにかこうにか1年やり切って、ヴァイスプレジデントに昇格した頃には、ディールでの立ち回り方や、抑えるべきポイントもわかってきました。実力がどんどんついてきているという実感もありましたし、それから先の2年間余りはもう楽しくて仕方がなかったですね。

――経営×ファイナンス業界の仕事の魅力についてはいかがでしょう。

和田　仕事そのものの面白さはさることながら、企業の全体を見渡しながら、〝あれをやって、これをやって〟という具合に自分の意思で事業を回すことができ、その結果を直接的に感じることができるということだと思います。この自分でコントロールできることの範囲が広いという点が、この仕事のいちばんの魅力ではないでしょうか。実質的にはサラリーマンというリスクが少ないポジションで、これほど魅力的な仕事に携わることのできる職業はほかにないと思います。

堀江　資本主義社会を謳歌できるキャリアですよね。M&A、事業再生、PEファンドそれぞれで違いはありますが、経営というものの〝手触り感〟を感じたい人にはぴったりだと思います。「経営の意思決定って、こういう流れで行われるのか」「オーナー経営者の悩みって意外と泥臭いところにあるんだな」、あるいは「組織ってこういう仕組みで動いているんだな」といったことが、肌感覚でわかってきます。あと、多種多様な会社のビジネスモデルに触れられますので、事業の儲けの仕組みを理解できるようになります。

――「経営×ファイナンス業界」の魅力に学生時代や若手の頃に気づくことができていたら、もっと早くから、この業界でキャリアを築く道を歩んでいたと思いますか？

和田　１００％そうしていたと思います。証券会社のリテール営業マンを含め、金融業界で仕事をしている方々のなかには、「経営×ファイナンス業界」に並々ならぬ興味を抱いている方が大勢いらっしゃると思います。ただ、どのようにしてキャリアを築き上げていけばいいかということが、ほとんど理解されていないと思います。私自身もそうでした。

――「経営×ファイナンス業界」のキャリアとしての優位性、強みになる部分はどこにあるのでしょうか。

和田　先ほどの話と少し重なる部分もありますが、経済・経営を含め、世の中のことがよくわかるようになるということではないでしょうか。ファイナンスの力を高め、ＰＬ、ＢＳによって、ビジネスの儲けの構造を読む。そのうえで、現場に入り、経営がいかなるオペレーションによって成り立っているのかを理解する。このように非常に泥臭い部分を含めて、経営とファイナンスを一体的に理解することで、ビジネスモデルやお金の動き、稼ぎの出る仕組みが丸ごと見えるようになってきます。さらに、業界の成り立ちや各社が抱える共通の悩み、それを改善するためのポイントについても見えてくるはずです。

こうした知見は、私が証券会社でリテール営業マンをやっていたとき、「雇用統計が○○、米中貿易摩擦が○○。だから株価は○○」のようなマクロな数字を観察しているだけでは、絶対に得られないものです。

堀江　「経営×ファイナンス能力」を身に付けることで、世界の見え方が変わるということですよね。これは本文でも述べたことですが、私は仕事そのものの面白さに加え、「キャリアの主導権」を取り戻すことのできる業界だという点も、大きな魅力だと思っています。当然のことながら、M&Aや事業再生、事業投資以外にも素晴らしい仕事はいろいろありますが、「経営×ファイナンス能力」という、あらゆる業界で通用するスキルを身に付けられる仕事はほかにないでしょう。

現時点ではやりたいことがないけれども、いつか夢が見つかったときにすぐに実行できる状況をつくっておきたいという方にとって、最高のキャリアだと思います。

――「経営×ファイナンス業界」への転職を目指す人は、どのような点に注意するとよいでしょうか。転職状況の変化に関連付けながら、聞かせてください。

堀江　事業承継問題や業界再編の流れによりM&Aというものの社会的認知がここ10年で一気に高まりました。その結果、一昔前の本当に一部のハイパフォーマーのみしか入れない業界ではなくなりつつあります。PEファンドにしても中小〜中堅企業向けの投資を行うプレーヤーが増えたため、一ファンドあたりの投資案件数が増加しており、それに伴い業界で必要な人員の数が急増しました。それから、コロナショックにより、事業再生コンサルの仕事も今後さらに急増するでしょう。リーマンショック以降、各ファームや金融機関が事業再生ビジネスからM&Aビジネスに経営資源を振り分けたため、事業再生コンサルの人員が業界に足りていません。

何を言いたいかというと、M&A、事業再生、PEファンドといった業界の採用ハードルが以前より下がり、また採用人数が増えているので、戦略を間違わなければ多くの方に門戸が開かれるようになってきたということです。ですので、多くの方に業界への転身に挑戦していただきたいと思います。

一方で、業界にプレーヤーが急増したため、各社のサービスクオリティや所属する社員の能力の粒度が以前よりは荒くなっていますので、本当に自身がやりたい仕事ができる会社はどこか、尊敬できる上司がいる会社はどこか、転職活動開始前に念入りに情報収集を行わないといけませんね。

――今後の目標、夢について聞かせてください。

和田　今日までキャリアを積み重ねてきたなかで、投資と経営に関わる仕事が私にとっていちばん面白い仕事であることは間違いありません。これからもずっと投資と経営に携わっていきたいと思っています。現在参画しているセイワホールディングスでもM&Aのリードとグループ会社の経営で会社の発展に貢献できればと思いますし、ゆくゆくは自分自身が代表として投資ファンドを立ち上げたいという夢があります。

その一方で、青森出身という私のバックグラウンドを活かした活動にも何らかのかたちで挑戦していきたいと思っています。子どもの頃に賑わっていた商店街がシャッター街になるなど、地元青森の地域経済は衰退を余儀なくされています。中小企業診断士として中小零細企業を支援したり、純粋に民間の立場から本気で地域経済の活性化を目指す地域特化型ファンドを立ち上げたりと、さまざまなかたちで地域の役に立てるようになりたいです。
一生に一度きりの人生ですし、ＰＥファンドの経験によって身に付けたスキルやノウハウを最大限に活かしながら、今後もどんどん経験値を広げていきたいと思います。

堀江　2つの目標があります。一つは、弊社ヤマトヒューマンキャピタルの経営戦略上の目標で、日本に経営人材を増やすためのプラットフォームを作ることです。全てはお伝えできませんが、その一環として、一般社団法人日本プロ経営者協会を立ち上げました。最近は当社の取り組みをもう一歩先に進め、Ｍ＆Ａ、事業再生、ＰＥファンド、事業会社の経営企画や事業投資ポジションに優秀な人材を集めつつ、事業を承継できる経営者を生み出す取り組みも行っています。

また、まだ事業承継の案件化ができていないフェーズから、プロ経営者と共にＭ＆Ａ案件の発掘自体もできないかと考えています。そこはＰＥファンドやＭ＆Ａ業界の幹部の方々と話を詰めているところです。今後は人材紹介会社の枠を超えた活動を行っていきたいと思っています。もともと創業した理由もそこにありますので。

――もう一つの目標は何でしょうか。

堀江　和菓子の「とらや」さんみたいな日本の伝統・文化を体現する会社の経営を承継し、リブランディングしながら世界に売り込んでいくことです。日本の最大の強みは2000年を超す、歴史そのものだと思います。これは他の国が逆立ちしても勝てません。ただ、その伝統・文化や歴史ある事業をうまく活用できていないように感じています。日本の、温泉文化や和食、神道と仏教が混ざった特異な宗教・思想観、どれも海外の文脈に上手く乗せられればすごく魅力的なコンテンツになります。

老舗の温泉旅館や酒蔵、はたまた神社やお寺まで、いろんな事業やコンテンツが、後継者不在により承継の対象になるでしょう。その領域に特化して、事業を引き継がせて頂き、僕たちなりの観点を加え、世界に表現してみたいです。

CEOが2020年の世界の富豪ランキング3位に入って話題になったフランス企業のLVMHモエ・ヘネシー・ルイ・ヴィトンはヨーロッパ文化そのものをコンテンツにして売っていると思います。日本文化にもそれに負けないコンテンツ力があると思うんですよね。

観点を変えれば日本はまだまだ可能性に溢れているので、この時代に生まれた好機をとことん活かしきりたいと思っています。

第5章
「経営×ファイナンス業界」に入るための戦略を伝授

「経営×ファイナンス」能力を身につければ大袈裟ではなく人生の可能性が広がります。我々が日々葛藤している事業や企業経営というものの実態をとらえ、組織がどのような論理で動いているのか、株主やトップマネジメントはどのような発想で日々意思決定をしているかが見えてきます。この業界に転職すれば大きな報酬も得られるでしょうし、何よりも自身のキャリアを主体的に選ぶことができるようになります。

本章では「経営×ファイナンス業界」へ転職するための具体的な方法を述べていきます。経営やファイナンスの一部はMBAや書籍等の座学で理解できますが、実践で使える能力に育てるには実務経験を積むしかありません。「分かる」と「できる」の間に大きな壁があることは皆さんもご存じの通りです。

希望転職先の業務プロセスを理解しよう

これまでM&A、事業再生、PEファンド業界を一つのエコシステムで捉えてきましたが、それぞれの仕事内容や報酬体系が異なっており、もちろん採用ターゲットも異なります。そして皆さんのキャリアの志向性や身に付けたい能力によっても選ぶべき業界が異なってくるでしょう。

M&Aはどちらかというと「経営×ファイナンス業界」の中ではよりスペシャリティが高く「専門家」の印象が強いでしょう。それと比較すると事業再生はもう少し企業経営を幅広くサポートできるためゼネラリスト寄りのイメージが強いです。財務面と事業面の双方を理解しながら経営再建することを生業とする事業立て直しのスペシャリストといったイメージです。

そしてPEファンドは、ファンドレイズ（投資資金を機関投資家や個人から集めファンドを組成する業務）まではPEファンド特有の業務ですが、投資先の発掘やオーナーとのネゴシエーション、投資の実行部分（エグゼキューション）はM&Aアドバイザリー業務と近しい要素があります。そして買収後の経営支援（バリューアップ）に関しては、事業再生コンサルティングや戦略コンサルティングの業務と近しい要素があります。その後のエグジットは再度M&A業務へ戻ります。PEファンドが、M&Aアドバイザー経験者や事業再生、戦略コンサルティング経験者をよく採用するのはそのためです。

そういう意味でPEファンドでの業務は、エグジット前提ではあるものの最も会社経営全般に関与することができ、事業のあらゆる要素が含まれるといってよいでしょう。

関心のある業界の業務プロセスを見える化することで、その業界でどのような能力が求

図8（図5再掲） PEファンド業務プロセス図（※を除く、ファンドレイズ）

フェーズ	ソーシング	エグゼキューション	バリューアップ・モニタリング	エグジット
PE／業務委託先（FA･FAS等）	多方面のチャネルでの譲渡企業（売手企業）のソーシング NDA締結（秘密保持契約） 譲受企業オーターとのTOP面談 QA及び依頼資料等の対応 事業・財務・法務DDの実施	譲渡希望条件及び価格の協議 譲受ストラクチャーの検討 プロジェクションをベースに財務モデルの算定 金融機関等、レンダーとのLBOファイナンス交渉 社内パートナーを交えての投資委員会の開催及び決議 LPへの案件概要説明 入札等（複数社譲受企業候補先が存在する場合）の準備及び手続きの実施 SPA（株式譲渡契約）の締結・調印式等の実施	投資先企業の株主総会及び取締役の開催 投資先企業の経営会議体への参画 損益・貸借・CFの予実管理及びKPIの算定 予算比実績が落ち込んだ際の経営改善施策の実行 競合先・対象市場のリサーチ LP及びレンダーへの投資先経営進捗の報告	エグジット時期の算定及び試算 エグジット対象会社のリストアップ・ロングリストの策定 エグジット対象会社の譲渡条件交渉 LP及びレンダーとの合意形成 エグジットの実行
必要スキル及び経験	✓ M&Aアドバイザリーの経験 ✓ M&A案件ソーシング業務経験 ✓ FAS等でDD、計画策定等の実務経験	✓ M&Aアドバイザリーの経験 ✓ FASでの会計、財務、ファイナンスの実務経験 ✓ 戦略コンサルティングファーム等でのビジネスDD、PM経験 ✓ 事業会社等での経営計画、経営管理、CFO業務経験 ✓ 高いコミュニケーション能力及び知性 ✓ ストレス耐性（胆力・精神力）		✓ M&Aアドバイザリーの経験 ✓ FASでのDD、計画策定等の実務経験

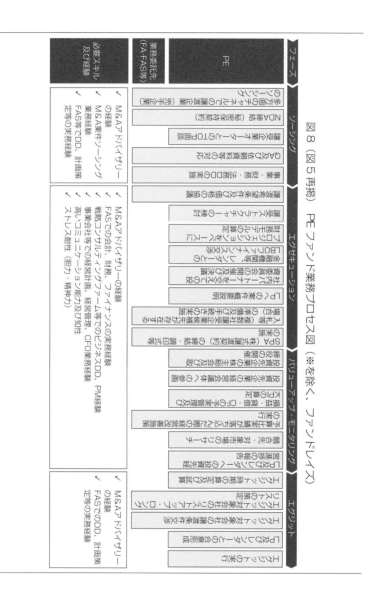

められているかが見えてきます。そして未経験業界に転職する場合は、同じ業務経験はなくとも業務を要素分解することで自身の能力や経験、人格的特徴の中で活かせる部分を抽出し、ＰＲするという作業が必要です。

「御社の○○の業務における○○の要素は私の○○の経験を活かせると思います。一方で○○の要素は経験がありませんので○○のような方法でキャッチアップします」という自己ＰＲを意識すると面接官にとって納得感のあるプレゼンになるでしょう。

さらに、転職希望企業の業務プロセスを見える化したうえで、今回の採用では特にどの要素の能力が高い方を採用したいのかを把握し、自身をプレゼンする必要があります。

求人情報だけを見ると、

①Ｍ＆Ａアドバイザリー経験者
②戦略コンサルティング経験者
③事業再生コンサルティング経験者

のように、必要な業務経験だけが載っているものが多いでしょう。しかし採用の現場では、「先月、コミュニケーション能力は高いが財務モデリング能力がやや物足りない方を採用したので、今回は①Ｍ＆Ａアドバイザリー経験者の中でも、特に財務モデリング能力の高い人材を採用したい」、というようなケースも多いのです。つまり、採用ニーズの背景や詳細を把握したうえで、自身をＰＲする必要があるということです。

そのような情報は希望転職先に勤めている知人がいればその方に確認するか、業界に精通した転職エージェントに確認する他ありません。ただし転職エージェントによって持っている情報や業界理解力、採用企業幹部との関係性の深さなどは千差万別なので、転職相談に行った際にどの程度情報を持っているか、業界理解は深いか、そもそも自分のために全力で転職サポートをしてくれそうかを、しっかり見極めることが必要です。

そうは言っても、「御社で〇〇の能力や、経験のこの部分が活かせます」の「この部分」が思い浮かばない——という人もいらっしゃるでしょう。ご安心ください、いきなり最終ゴールの業界へは入れなくても、ステップを踏めば理想のキャリアを構築することは可能です。

事例でお話しましょう。

大手証券会社勤務25歳Aさん／PEファンド業界転職希望者

〈相談経緯〉

投資銀行でM&Aアドバイザリー業務を行いたいと考え、新卒で大手証券会社に入社したAさん。しかし希望はかなわず、国内営業部門のリテール営業に配属され3年が経過した25歳の夏に弊社へご相談に来られました。

お話をお聞きするとM&Aアドバイザリー業務へのご関心もありつつ、将来は事業会社の経営にも関与できるPEファンドでの仕事を志向されており、さらにその先は、地元東北の地方創生を目指したPEファンドを立ち上げたいという夢もお持ちでした。

AさんはPEファンドへの転職の一つのルートとして、M&A業務経験を積むことが必要だという認識はあったものの、M&Aの仕事に現職で携わることが難しい状況のため、今後どうしたらよいものかとお悩みでした。

またAさんの場合、経営者への営業経験と基礎的なPL／BSの理解はありましたが大手M&Aアドバイザリーファームの求めるレベルには達していませんでしたので直接の転職は難しい状況にありました。

〈ご 提 案〉

弊社のご提案としては、まずは中小〜中堅企業のM&Aアドバイザリー業務を行う国内系ファイナンシャルアドバイザリーファームに転職し、そこでM&A業務経験（FA&バリエーション）を積む。それだけではPEファンドへの転職ハードルは高いため（可能性がゼロではないので採用ハードルの低めであるスモールキャップPEファンドの転職可能性を常に探しておくべき）、その次に大手監査法人系ファイナンシャルアドバイザリーファームのFAチームや独立系大手M&AアドバイザリーファームのFAチームに転職する（市場環境にもよるが中堅FAS→大手FASへの転職はクライアント規模が変わり、エグゼキューションの難易度は上がるものの近しい業務経験なので転職可能）。それぞれのファイナンシャルアドバイザリーファームで3〜4年ずつ経験した後にPEファンドへの転職というルートであればスモール〜ミッドキャップに投資をする日系PEファンドの書類選考は50％程度の会社は通過する可能性が高い。10社に5社の書類選考通過は確度が低いと思われるかもしれませんが、6年前まではPEファンドへの転職可能性が0％であったことを考えれば、競争の土台にのったことは大きな前進と捉えるべきでしょう。

なお、証券リテール営業や銀行法人融資担当から中堅のファイナンシャルアドバイザリーファームへのご転職は、クライアント規模が小さくなればなるほど、エグゼキューションにおける論点の数と難易度が下がるため、経営者とのコミュニケーション能力が高い方であり、同時に「育てれば何とかものになりそうだ」と思わせる一定の地頭があれば十分可能性があります。M＆Aアドバイザー、事業再生コンサルタント、ファイナンシャルアドバイザリーファーム、戦略コンサルタントなどはそれぞれのソリューションで事業会社の経営やバイサイド（PEファンドやM＆Aを行う事業会社）の事業投資を支援している存在です。つまりバイサイドの業務の一部をアウトソースあるいはサポートしているということです。

そして結論めいたことを言ってしまうと、基本的にはバイサイドよりもセルサイド（バイサイド企業へのアドバイザリーあるいは業務アウトソース）の方が採用人数の絶対数が多く採用ハードルが数段低くなります。PEファンドは年間1～3名程度しか採用しないファームがほとんどですが、M＆Aアドバイザリーファームや仲介会社は年間数十名～100名近い人数を採用するケースもあります。

経済圏に入るのは難しいが経済圏内移動は比較的ハードルが低い

「経営×ファイナンス業界」は業界未経験者が入るには非常にハードルの高い業界ですが、この業界エコシステムに一度入ればその中での横移動はかなりハードルが下がります。その理由は、M&Aにせよ事業再生にせよPEファンドにせよ、あるいは戦略コンサルティングやDD業務を行うFASなども含め、日々一緒に業務を行っているパートナーという関係性ですので、業務のイメージも湧きやすいですし、能力値も測りやすく、リクルート側は採用しやすいのです。

同じ「ビジネステーマ」内で異なる案件サイズへの異動

同じビジネステーマあるいはソリューションといってもいいですが、それを経験していればクライアントの業界や規模が変わっても転職しやすい場合があります。

・中堅FAS　⇕　大手FAS
・スモールキャップPEファンド　⇕　ミッドキャップPEファンド

同規模案件サイズ、異なるビジネステーマでの移動

　また、クライアントの会社規模が同程度であればビジネステーマが異なっても転職できる場合があります。

・大手企業向け戦略コンサルティングファーム　⇕　ミッド～ラージキャップPEファンド
・中小企業向けFAS、M&A仲介　⇕　中小企業への事業投資を行う事業会社のM&A担当や、スモールキャップPEファンド

　この業界は、メガバンクや総合商社など新卒採用が強い業界で見られる年功序列を重視する業界ではないですし、採用企業も所属企業は参考程度に個人として何ができるかをみてくれる会社が多い業界です。そのため、転職先を検討される際、あまり社格や会社規模にとらわれず、自身の最終的なキャリア目標を実現できるルートを築けるかどうか、得たい能力や業務経験が実現できるかどうかで判断されることをお勧めします。

　ここまでお話してきた点を意識しながら各業界の具体的な採用ターゲットや各社のポジショニングを見ていきましょう。

M&A支援会社もかなりのプレーヤーの数が出てきましたので、外から見ていると会社の違いが見えにくい業界です。本書では転職を検討される際に見るべきポイントに絞り話を進めます。

M&Aアドバイザリー or M&A仲介

大きな区分けとしては、買い手か売り手の片方につきクライアントの利益の最大化を図るファイナンシャルアドバイザリー（FA）モデルなのか、買い手と売り手の間に入りM&Aを成功に導く仲介モデルなのかというポイントがあります。それぞれのキャリア上のメリットデメリットは第3章を参照してください。

さらに、FAとM&A仲介業界の中でも特に注視いただきたい業界ポジショニングとそれぞれの採用ターゲット、その後のキャリアについてお話します。

ファイナンシャルアドバイザリー（FA）

【業界内の比較ポイント】

◆クライアント規模

ファイナンシャルアドバイザリー（FA）業界の中でも投資銀行や大手監査法人系FASのFAチームが行う大企業向けのM&A支援なのか、中小・中堅企業向けなのかで働く環境や学べることが大きく異なります。同じFAの中でもどのような案件のサイズがボリュームゾーンなのか調査するようにしましょう。

◆FA案件獲得型（狩猟民族）かDD受託型（農耕民族）

FAの中にも投資銀行のカバレッジチームのような自らM&Aを創出することを得意とするファームもあれば、ファンドや商社などよくM&Aを行う会社からの財務DDや片側FAの依頼を受けてエグゼキューションを行うことが得意な受託型のファームに分かれます。

◆総合アドバイザリーファームかM&A専業か

FAの中でもGCA株式会社のようなM&A専業のブティックファームもあれば、デロイトトーマツファイナンシャルアドバイザリー合同会社などのBIG4系のFASのように、FAを行いつつ財務DD、バリュエーションの受託案件や、事業再生、IPO支援など非M&A業務も含め全てに対応する総合型のファームなのか。また多様なソリューションの中でもどのチームが本流なのかなど、力関係や協力体制はチェックした方がいいでしょう。

◆金融機関系列

大手金融機関グループの投資銀行であれば、M&Aアドバイザリーと市場からの資金調達（PO、債券発行）を同じ会社が対応できるので提案上有利な点があります。またグループの銀行から融資を受けているからM&Aも御グループに任せるというようなもちつもたれつの関係を作れる点から、非常に案件を獲得しやすい場面もあるかと思います。

一方で、「今資金調達の提案をしているからM&Aの提案は後にしろ」というような世横やりが入るケースなど、グループですでに取引があるからこそ発生するしがらみもあるでしょう。

【採用ターゲット】

会社によってまちまちですが、何らかしらのM&A、ファイナンス業務経験を有する方がメインのターゲットです。未経験であっても会計士や税理士の資格、または銀行（融資、プロジェクトファイナンス経験者）、戦略コンサル、総合商社などにおられた方が入社されているケースもあります。

【ポストキャリア】

ポストFAのキャリアはPEファンドや事業会社のM&A担当といったバイサイドポジションあるいは、M&Aに積極的なスタートアップのCFOなど非常に魅力的なポストが用意される可能性があります。また、中堅FA⇒大手FA、大手FAS⇒投資銀行など業界内の横移動も非常に多い業界です。

M&A仲介

【業界内の比較ポイント】

◆クライアント規模

M&A仲介の中でも相対的な大きな規模である譲渡価格5～10億円程度の中堅・中小企業の案件に注力している会社なのか、1億円程度の中小・零細企業の案件を中心に狙っている会社なのかで、働き方や身につく能力に差があります。

◆M&A仲介案件のソーシング方法（提携先紹介、セミナー、DM→テレアポ、ネット）

仲介業界はいかに有望な売り案件を獲得するかで躍起になっている業界であり、その手法の違いが各社のポジショニングや給料制度を決めています。案件獲得方法の割合は必ず確認するようにしましょう。

◆賞与還元率と成果の出しやすさ

M&A仲介業界の獲得収益における賞与、インセンティブ還元率は各社大きく異なりますので確認が必要です。一方で意外と見落とされがちなのが、成果の出しやすさは環境によって大きく差があるという点です。1億円の手数料を稼いだ際の賞与還元率が10%なのか15%なのかは非常に大きな差ですが、その1億円の収益を上げやすい環境なのかどうかの方がより重要でしょう。

【採用ターゲット】

M&A仲介会社の評価ポイントは、経営者など意思決定者への提案力と交渉力、多様なステークホルダーをまとめ上げる調整力とマルチタスク能力、会計・税務・法務などの知識を広く学び理解できる一定の地頭などです。未経験者採用が積極的な業界ですので営業能力が高く、経営者との交渉事が得意な方であれば「経営×ファイナンス業界」への入り方として最も間口が広いと言えます。

【ポストキャリア】

M&A仲介会社は非常に高額の年収を稼げる可能性のある業界ですので、それを求めて同業内で転職する方も多い業界です。異業界ですと、スモールキャップのPEファンドや事業会社のM&A担当、あとは独立される方も非常に多いです。

事業再生業界へのキャリア戦略

【業界内の比較ポイント】

事業再生業界は次のような観点で俯瞰すると各社のポジショニングが見えてきます。また、中堅・中小向けの事業再生ファームであればポテンシャル採用を行っている会社もありますので「経営×ファイナンス業界」へ入る有望な選択肢になる業界かと思います。

◆クライアント規模

事業再生は、対象が中小企業なのか、あるいは大企業なのかでクライアントから求められることも働いている感覚も大きく異なるでしょう。大企業向けの再生コンサルの方が資金的余力があり、多様な経営資源がありますので打てる施策の数は多いでしょう。古いですが、カネボウ化粧品やダイエーの事業再生や、京セラの稲盛さんを会長に招聘したJALの再生などは有名な案件です。

大企業向けですと若手のコンサルは大きなプロジェクトの一パーツを担うことになりま

すので、全体観がより見えやすく手触り感のあるプロジェクトを好まれる方には中小企業向けの再生ファームもお勧めです。

中小企業の事業再生の場合は上司と二人、もしくはもう一名加えた三名でプロジェクトを行うケースが多いです。株主や経営者、債権者である金融機関と膝詰で再生計画を作り込みますので非常にタフな仕事ですが、経営の生々しい現場に関与できる業界と言ってよいでしょう。

◆企業再生フェーズ

規模の話とも通じますが、破綻寸前で抜本的な経営改革や金融支援を検討する案件なのか、本業の収益力低下から何とか持ち直すための事業戦略を策定・実行が求められる案件なのかで働き方が大きく変わります。前者ではより短期的な資金繰りや資産価値の調査を対銀行向けに行う必要があります。後者の場合は、より長期的観点で事業戦略の立案と計画の策定を行うことになります。

◆分析（DD）&計画策定寄りか、経営変革&ハンズオン支援寄りか

事業再生コンサルは、大きく①分析（DD）→②再生計画策定→③モニタリング支援・実行支援という流れで進みますが、ファームによって①と②が得意なファームもあれば、②の一部と③に重きを置いているファームなど得意不得意があります。ご自身がどんな再

生案件を行いたいか、あるいはどのような能力を活かしたいかによって選ぶべきファームが変わります。

【採用ターゲット】

事業再生ファームの主たる採用ターゲットは、会計士、税理士、弁護士、戦略ファーム出身者、不良債権関連業務経験者などですが、これらに加え、銀行の融資経験者や経営者とのコミュニケーションが多い仕事をしている方も採用するケースがあります。

この業界は肉体的にも精神的にもタフな業界ですので、経験もさることながら苦しい場面でやり切るグリット力や、事業再生という仕事に情熱のある方が採用される傾向にあります。

【ポストキャリア】

事業再生コンサルタントのその後のキャリアは、事業会社の財務やCFO、ハンズオン色の強いPEファンドへ転職、フリーの財務コンサルタントとして独立するなど、「経営×ファイナンス」能力を活かし多様なキャリアを歩まれる方が多くおられます。

コロナショックによる大事業承継・大廃業時代を生き抜き、ぜひ日本経済を立て直せる経営人材を目指して欲しいと思います。

【業界内の比較ポイン】

PEファンド業界の各プレーヤーの捉え方やポジショニングの理解は①ファンドサイズ②投資案件サイズ③投資テーマ④経営支援スタイル⑤実績（IRRと立ち上げファンド号数）という5つの観点で捉えると実態が見えてきます。

①ファンドサイズ

ファンドサイズはそのPEファンドが預かった資金の総計であり投資可能な金額です。LP投資家からの信頼の大きさと言っても良いでしょう。また、このサイズが大きければ大きいほど年間の管理報酬（ファンドサイズの2％程度が一般的）の総額が増えますので、そこで働く方の固定給やオフィス代など、必要経費をどれだけ使えるかが決まります。

②投資案件サイズ

一件当たりの投資サイズは、どのような企業を対象とした投資を行うかを示しています。

企業価値で10億円程度の企業から投資をするのか、あるいは100億円以上の投資しか行わないのか。企業規模によって抱える経営課題や社内のリソースが異なりますのでバリューアップの手法も変わってくるでしょう。

③投資テーマ

事業承継、事業再生、カーブアウト、海外進出ニーズのある会社への投資などそれぞれ自信のあるテーマで各ファンドは投資しています。関心の強い投資テーマは何かを考えてみましょう。

④経営支援スタイル

ファンドメンバーによるハンズオン経営支援を得意とするファンドもあれば、経営支援は主に外注して投資活動に集中するファンドもあります。また海外進出支援に強いファンドもあれば、業務オペレーション改革が得意なファンド、また、その都度必要なことをゼロベースで考えるファンドもあります。

経営支援に対する哲学は良い悪いではなくファンドビジネスの戦略の違いであり、またファンド経営者の好みが出るところです。

⑤実績（IRRと立ち上げファンド号数）

最後にファンドの運用成績であるIRRと、ファンド号数についてです。IRRはファンド業界でよく使われる指標ですが、簡単に言うとファンドが出した収益を年利換算すると何%になるかという指標です。この値が高ければ高いほどその期間の成績が良いということになりますが、この指標だけでは投資の規模が分からないので、全体としてどれだけのキャピタルゲインを得ているのか、また、ファンドビジネスを長期にわたり安定的に経営できているかは見えません。

ファンドは5~10年程度の運用期間を設定し、その運用に目処がつくと次のファンドを立ち上げるケースが多くあります。例えば、5号ファンドであればLP投資家が5回もそのファンドに資金運用を託したということになりますので、その数はファンドサイズと同じでLP投資家からの信頼の証ということになります。

極端な話、ファンドはLP投資家がお金を出し続けてくれる限り永続しますので、これまでのファンド成績であるIRRと、長期でLP投資家から信頼されているファンドであるという証の号数は注目していいでしょう。ただし、1号ファンドだったとしても、これから長く続くファンドもあるわけですし、1号ファンドでしか得られない創業メンバーならではのメリットも多いので、何を優先するかによってどのファンドがご自身に合うかどうかが決まります。

ここまでPEファンドを比較する5つの軸を紹介しましたが、それらの違いを作っているのはパートナーを中心とした所属メンバーの能力やバックグラウンド、思想といえるでしょう。PEファンドは極めて少数精鋭のチームでなりたっている業界ですので、メンバーの方々との相性が何より重要です。

【採用ターゲット】

PEファンドの採用ターゲットは、M&Aアドバイザリーや事業投資業務経験者、あるいは投資先の経営支援業務で活躍する戦略コンサルタントや事業再生系のファーム出身者がメインどころです。上記に加え、スモールキャップファンドであれば、「経営×ファイナンス」分野の基礎力のある若手をポテンシャルで採用したり、案件のソーシング力を評価しM&A仲介会社のコンサルタントを採用ターゲットに加える場合もあります。

採用人数は各ファンド当たり年に1~3名程度と非常に狭き門ですので、我々のような人材エージェントと密にコミュニケーションを取りながらタイミングよく転職活動を行う必要があります。

また、選考プロセスは、書類選考→財務モデリングテスト→VP以上のメンバーとの面接3~7回程度といったイメージです。小規模なファンドであれば全メンバーと会って全員がYesと言わなければ内定を出さないファンドもあり、やはり採用ハードルの高い業界といえるでしょう。

【ポストキャリア】

PEファンドは会社員のキャリアのゴールのようなイメージが強く、異業界に転職される方は多くありません。また、一つのファンドの運用期間が5年程度はありますので、それを2、3周しないと大きなキャリーボーナスをもらう機会に恵まれないファンドも多いので、特別な問題がなければ基本的に長期で働かれる方が多い業界です。

所属ファンドの経営者と相性が良くなかった、あるいは、経営不振で先行きがないので同業に移りたいという相談はたまにありますが、やはり長期で働く方が多い印象です。

あとは、ご自身でPEファンドを組成される方や、その他事業での起業、スタートアップCFOへの転職など、基本的には起業・独立系のキャリアがポストファンドのメインキャリアとなります。

さて、各業界における企業の見分け方や採用ターゲットなどについて見てきましたがどのようにお感じになられましたか?

・非常にワクワクした、「経営×ファイナンス業界」に早く挑戦したい
・概要は分かったが詳細が不明なのでもっと詳しく話を聞きたい
・そもそも私の経歴では無理ではないか?

いろいろな感想があるかと思います。もちろんここでは全てをお話することはできませんので、詳細は個別に弊社まで問い合わせいただくか、業界の知人に質問をするなど行動を起こして欲しいと思います。

これまで「経営×ファイナンス業界」へ200名近い方を支援してきましたが、納得のいくキャリアや人生を送っている方の特徴は「とにかく前向きにどんどん行動する」ということに尽きます。

コロナショックにより経済環境が激変し苦しまれている方も多い中で甚だ恐縮ですが、「経営×ファイナンス業界」は変革期にこそ事業チャンスがあり、社会から求められる業界です。本書を読んだ方には是非とも情報収集を進めて欲しい。結果、キャリアを変えなかったとしても何も問題ないはずです。私は現職で頑張る！と腹を括り業務に邁進していただければ良いでしょう。

コロナショックで事業承継、業界再編が10年進むとお伝えしましたが、10年という数字はやや大げさに言い過ぎではないかと感じる部分もありました。しかし、経験豊富なM&AアドバイザーやPEファンドの方々と会話をしていると、それは杞憂であったことに気づかされました。

今、この業界は大きく盛り上がっています。本書を読み終えた皆さんは、ぜひこの業界に参画してください。お待ちしています。

インタビュー●8

PwCアドバイザリー合同会社　パートナー　福谷尚久氏

M&A／FA業界の採用ニーズと人材適性

――M&A業界で活躍するには、どのような能力、人格が必要なのでしょうか。

福谷　いろんな要素がありますが、数字が全く扱えないというのでは仕事にならないと思います。かくいう私も理数系には苦手意識がありましたが、ビジネススクールに入学するためには数Ⅲの能力が必要だというので社会人になってから勉強し直しました。そこで数というものの面白さに目覚めたところがあります。

「数を扱う」ということは、単に計算が速い、決算書を理解できるということではありません。一つの数字の背後にある出来事や人間の行動を想像できるかどうか。決算書の一つの数字から経営の現場に何が起きているか、各事業部がどのような動きをしているかをどこまでイメージできるかが決定的に重要なのです。この業界を志望される方には、できるだけ若いうちに数字の背景について考える経験を積み重ねてほしいと思います。そこから数字、会計といったものが一気に面白くなってきますので。

それから、地頭はいいに越したことはないと思います。私のいう地頭というのは、何か一つの物事をみたときに、そこに何が結び付けられるか、どこまで縦、横、深さを展開して考えられるかということです。

それができるようになるには、いろいろなものに好奇心を持って、さまざまな人に会い、思考を積み重ねる必要がありますが、そもそもこうしたことを面白がれるかどうかが重要ですね。面白いものでなければ続かない。これはゴールデンルールですね。

――福谷さんが採用選考時にみておられるのも、こうしたポイントと考えてよいでしょうか。

福谷　もちろん、そういったポイントを見たいと思ってはいますが、あまり厳しく選考を行っても仕方がありませんから伸びしろを重視しています。人間としての茶目っ気とでもいいましょうか、人柄から感じられるのりしろの部分ですよね。そういったものがあるかもよく見ていますよ。車のハンドルの遊びのような部分が成長余力といいますか伸びしろだと思います。好奇心があり、いろんなことに関心をもてる方のほうがこの仕事は向いていますね。あまりにも真面目一本槍ではキツいと思います。

――転職後、M&Aアドバイザリー業界で高められる能力について教えてください。

福谷　先の質問でM&Aアドバイザーに求められる能力の一部に触れましたが、この仕事はビジネス、会計、法務、人間心理、コミュニケーション能力、人格、さらには歴史や宗教などの教養力も含んだ人間としての総合力を高められる仕事です。

また、すべてを一人で行うわけではなく経営者や株主、金融機関などの多様なステークホルダーや、弁護士、税理士など他のプロフェッショナルと協力しながら、業界を俯瞰し一つのプロジェクトを成功させるプロデューサー的能力も必要です。

それから、どんな仕事もそうかもしれませんが結局は人と人が行うことですので、クライアントと信頼関係や共感を築く能力を向上させないとこの業界では活躍できないと思います。

あと、若い方のなかには新聞に載るような大きなM&A案件に携わりたいとおっしゃる方も多いですが、人間の機微や心理を学ぶという意味では中小企業経営者向けの仕事から学ぶことは多いと思います。実は私のM&Aアドバイザーとしてのキャリアも中小企業経営者の事業承継案件からスタートしており、その時代に非常に足腰を鍛えていただいたという想いがあります。

中小企業のオーナー経営者さんたちと付き合っていると、今日決めたことが、明日には覆されるといったことが日常的に起こります。その理由が「直感」とか、およそロジカルではない理由である場合もあるのでアドバイザーとしては大変なのですが、その背景にはどこかに心のわだかまりがあるわけで、オーナー経営者さんとの信頼関係を築きながら、不安を少しずつ解きほぐしていかなければなりません。こうした仕事を〝テニスの壁打ち〟のようにやらせていただくうちに、M&Aアドバイザーとしての基礎ができたと感じます。

――M&Aアドバイザリー業界の報酬は非常に高額な印象があります。報酬や給与のパターン、考え方について可能な範囲で教えてください。

福谷　まず会社が受け取る報酬に関して申し上げますと、一定のテーブルがつくられていて、EV（エンタープライズ・バリュー）に対して何パーセント、といった形でいただくのが一般的です。そのパーセンテージに関してはいろいろと刻みがありますが、どれくらいの工数がかかるといったことをお客さまとお話したうえで決めていくこともあります。

給与面に関してはファームによってさまざまです。数千億円～兆円単位の大規模な案件を追い掛けている外資系投資銀行では、個人の獲得した成功報酬フィーが給与にダイレクトに反映される仕組みをとっているところもありますが、これまでの私のキャリアの中では、「大きな案件を手掛けて、これだけフィーが入ったのだから、給与もこれだけもらおう」というやり方はとっていません。というのは、個人業績と給与を完全に連動する仕組みをとると、大きな案件しか手掛けたくなくなってしまうからです。また、こうした案件を振ってくれるお客さまを自分の顧客として抱え込んでしまうことにもなります。お客様もオープンにして、大きな案件をやったらみんなで拍手する。規模は小さいが、難易度の高い案件をやった人にも拍手をする。そのほうがクライアントにとっても会社にとっても働く人にとっても長期的にはｗｉｎ ｗｉｎ ｗｉｎになると思います。

――最後になりますが、M&Aアドバイザリー職を目指す若者にメッセージをお願いします。

福谷　M&Aアドバイザーの仕事は、社会全体、産業全体を俯瞰しながら経営者の大きな意思決定をサポートする仕事です。多様な要素が絡み合う総合格闘技的業務ですので常に好奇心を持ち学び続けなければなりません。その分、何歳になっても気づきや学びを感じ続けられる仕事ですので、そのような働き方に魅力を感じる方には是非挑戦して欲しいと思います。

あと、世の中は自分の思うように進むことはほとんどありませんので、あまりキャリア、キャリアと先のことを考え過ぎて現状に不満を持つのはいかがなものかと感じる部分もあります。目の前の仕事に真剣に取り組み、きちんとできるようになったら、もう一歩先に進む。この積み重ねによって今がある、というのが私のこれまでのキャリアの実感です。

キャリアというのはあくまでも結果であり、後から振り返ってみてはじめて気づくものではないでしょうか。そもそも20代~30代で自分自身のあるべき姿がわかる人など、なかなかいないと思います。自分には関係ないと思うものでも、人の話を謙虚に聞いて、取り入れられるものは積極的に取り入れてみる。そういうところにこそ、意外と新しい発見があるものです。

インタビュー●9

株式会社日本M＆Aセンター 取締役 業種特化事業部長 渡部恒郎氏

M＆A／仲介業界の採用ニーズと人材適性

――M＆A仲介で活躍するために必要な能力、人格について教えてください。

渡部　会計やエグゼキューションのスキルに関しては、入社してからでも十分身に付けられると思います。何よりも大切なのは、中堅・中小企業のオーナー経営者を心から尊敬できるかどうかということです。むろん、活躍の仕方は人によってさまざまですし、一定のスキルがあれば案件を成約に結びつけることは可能です。しかしながら、こうした気概がなければ、長期にわたって、楽しみながら仕事に取り組むことはできないでしょうし、仕事から得られる充実感・達成感も全く異なるレベルのものになってしまうと思います。

──渡部さんは採用選考時、どのような観点で人材を見極められますか。

渡部　先ほど申し上げた、中堅・中小企業のオーナー経営者を心から尊敬できるかという点に加え、一つの物事を追求する力、さまざまな課題に問題意識をもって取り組む力、チャレンジ精神、会社全体をトータルで捉える視野の広さなどを見ています。いずれにしてもスキルよりも人間性、気質重視です。いくら優秀だと思っても、気質が合わなければ採用とはいきません。M&A仲介業は、オーナー経営者を尊敬することのできるメンバーが集まってやる仕事でなければいけないと思うからです。

──転職後、M&A仲介業界で高められる能力を教えてください。

渡部　営業力や会計・税務・法務に関する知見、事業理解力、構想力など「経営」に必要な能力はほぼ全て身に付けられると思います。M&A仲介業ほど中堅・中小企業の泥臭い現場を自分の目で見ることのできる仕事はないと思います。大学在学中にベンチャー企業で№2として経営に携わっていたときよりも今の方が「経営に関わっている」という感覚があるほどです。オーナー経営者の立場に立たなければわからない苦労を除けば、経営のあらゆることについて学べると思います。

――M&A仲介業界の報酬は非常に高額な印象があります。成功報酬や収入等について可能な範囲で聞かせてください。

渡部　M&A仲介業界の報酬が高いのは、「会社の売買」というきわめて大きなビジネスをしているからですね。成功報酬に関しては、会社によってさまざまですが、当社の場合、移動総資産を基準にレーマン方式で算出します。従業員の給与は、ベース給と青天井のインセンティブ給によって構成されます。成果に応じて大きな金額を稼ぐことのできる魅力的な業界ではあると思います。しかし、重要なことは経営者を尊敬しサポートすることで結果として後からお金はついてくるという発想をもつことです。

――最後にM&A仲介職を目指す若者にメッセージをお願いします。

渡部　非常に緊張感の大きいレベルの高い仕事ですが、とにかく面白い仕事です。ただし、救急病棟の外科医のイメージで、社会性の高い仕事でもあり、高い倫理観も必要です。経営やビジネスに強い興味があって、日本の産業バリューチェーンのブラッシュアップや中堅・中小企業の後継者問題の解決、企業の収益性の改善という、日本が抱える社会問題の解決に寄与したいという思いをお持ちの方にとって、これほど面白い仕事はないと思います。是非、M&A業界への転職を目指していただければと思います。

インタビュー●10

山田コンサルティンググループ株式会社
代表取締役社長　増田慶作氏
経営コンサルティング事業本部　事業部長　高橋淳郎氏

事業再生業界の採用ニーズと人材適性

――事業再生業界で活躍するには、どのような人格、能力が必要なのでしょうか。また、採用選考時、どのような観点で人材を見極めてられているのでしょうか。

増田　コンサルタントといいますと、雄弁で頭の回転が速く、支援先の経営陣の説得に長けた人物像を思い浮かべる方も少なくありません。こうしたイメージもあながち間違いではありませんが、事業再生コンサルに限っていえば、これらの能力は必要条件ではありませんし、本質的なものでもないと思います。

私たちが求めるのは、もっと地味で泥臭い部分です。どんなにタフな状況に追い込まれようとも、絶対にあきらめることなく、粘り強く結果を追い求める姿勢。いかに泥臭い仕事に対しても、一つひとつ愚直にクリアし、スキルを積み上げていく執念。経営者と誠実に向き合い、ときには「社長、ここであきらめたら終わりですよ」と叱咤激励し、鼓舞する力。つまり、能力よりも気質、姿勢が求められるのです。誤解を恐れずに申し上げれば、〝粘着質〟というほかないくらい、物事に粘り強く、地道に取り組むことができる方にこそ、事業再生の仕事は向いていると思います。

――転職後、事業再生業界で高められる能力について教えてください。

高橋　ファイナンスや税務、ＰＬの黒字化、再生をやり切った後の資本の承継を含め、経営者に必要な能力やスキルは、ほぼすべて身に付けることができますし、一つの企業の再生に長期にわたって寄り添い続けることで、一つひとつの経営課題について複合的に捉えられるようになると思います。それより何より、目的志向とでもいいましょうか、ゴールにたどりつくまであきらめずに、当事者意識をもって仕事をやり切る力を身に付けることができるはずです。

もっとも、「何でもできるけれども、これといった強みがない」という状態になってしまってはもったいないので、ゼネラリストとしての能力を高めながらも、専門性を発揮できる分野をつくっていくことが大切だと思います。

増田　そうですね。私たちの仕事は、本来ならば経営者がやるべき仕事の〝肩代わり〟をするようなものです。会社全体を見渡しながら、どこに無駄があるのか、どの部署をどのように動かせば業績が良くなるのかといった課題を明確にしたうえで、経営リソースを総動員して売上や利益を伸ばしていくわけですからね。したがって、事業再生コンサルの経験を積めば、どの事業会社でも通用する力を身に付けられると思います。

――事業再生業界の報酬制度について、可能な範囲で聞かせてください。

増田　基本的には監査法人と同じような収益モデルだと考えていただければよいと思います。スポンサー型事業再生でM&Aを行うケースなど、大きな付加価値を享受いただくタイミングでは、組織として相応の対価をいただくこともありますが、案件を実施するのに必要な人数と時間をベースに算出した固定報酬が基本です。M&Aのように一契約で大きく稼ぐという事業ではありません。コツコツ経営者に向き合いながら、収益もコツコツ積み上げていくタイプの事業です。

――最後に、事業再生職を目指す若者にメッセージをお願いします。

高橋　事業再生コンサルという仕事が素晴らしいのは、自分自身が商品になれるということだと思います。成長の機会はいくらでも提供できます。仕事を通じて自分自身を高めていきたいという意欲をお持ちのストイックな方にとって事業再生の仕事はこの上ない環境だと思います。

増田　「世のため人のためになる仕事がしたい」「社会的に価値ある仕事がしたい」といった理想と憧れを抱いて、他業界から当社に転職される方が結構いらっしゃるのですが、ドロップアウトしてしまうケースが少なくありません。金融業界出身の方はともかく、財務や会計とはまったく無関係の職種からの転職となると、ほぼゼロの状態から、新たなスキルを積み上げていかなくてはなりません。そこを焦ることなく、足し算志向で、一つひとつしつこく積み上げていくことが大切なのですが、これがなかなか難しいようなのです。

30歳前後というと、新卒で当社に入社した社員は〝10年選手〟としてバリバリ活躍しています。鍛え上げてきたスキルが違うので仕方ないのですが、同世代の先輩と比べると〝できない自分〟に向き合わざるをえず、焦って自滅してしまう人が少なくないのですね。

大切なのは、自分自身としっかり向き合うことです。ビジネス人生が70歳までと考えれば、まだ40年もあるわけでしょう。自分の思い描くゴールを現実のものとするために、どのようなスキルを積み上げていくか。地道かつ愚直に戦いを続けていく覚悟を持っているかどうか。これにより最終的に見えてくる風景も違ったものになると思います。経営者ががっぷり四つに組んで仕事がしたい、お客さまをど真ん中に置いて仕事がしたいという思いをお持ちの方に是非この仕事を選んでいただきたいと思います。

インタビュー●11

大手PEファンド勤務　中堅社員　N氏

PEファンド業界の採用ニーズと人材適性

――PEファンドで活躍するために必要な能力、人格について聞かせてください。

N氏　PE投資の仕事とは、会社に対して「投資」し、「経営支援」を行い、株式上場やM&Aを通じて投資持分を第三者に「売却」することです。したがって、形式的にいえば、「投資」および「売却」のプロセスでは株式上場やM&Aといったファイナンスに関連したスキル、「経営支援」のプロセスでは経営に関する総合的な力が求められます。ただし、これはあくまで必要条件であって十分条件ではありません。例えば、投資銀行、外資系コンサルティングファームの出身者には、こうしたスキルを持っている人が多くいらっしゃいます。また、総合商社で事業投資を行っている方なども同様に、ファイナンスと経営・事業運営の経験やスキルを有している方もいらっしゃると思います。そして、なかにはPEファンドへの転職を目指していただける方も少なくありませんが、希望通りPEファンドに入社できる方はそのうちごく一部となってしまうのが現実でしょう。

なぜかというと、大抵のファンドの投資メンバーは10~20人程度しかいないなかで、「その1人に迎えるほどにユニークな価値がある」と思えなければ、なかなか採用しようという判断にはならないからです。また、5年、10年と長期間にわたって一緒に仕事をする仲間として迎え入れたいと思える人材でなければ、採用に至りません。そのため、最終的にはスキルのみならず「人間力」が大切なのではないでしょうか。これは、自分でファンをつくる力とも言えると思います。例えば、PE投資において数多くの案件機会を獲得するためには、金融機関やアドバイザーの方々に案件をご紹介いただくことも重要です。デュー・ディリジェンス（投資候補先の調査・分析）のプロセスでは、財務・会計、税務、法務、事業などの外部専門家の皆様を起用させていただき、チームの総力を結集して短期間で最大限の調査・分析を行い、事業計画策定、ドキュメンテーション（契約書作成）等を含めて投資実行に向けて協働します。そして、投資実行後は経営陣や新たに招聘する経営人材と共に二人三脚でのバリューアップ・経営支援の日々が始まります。このように、ソーシングのプロセスであれ、バリューアップのプロセスであれ、PEファンドの仕事に一人でできる仕事など一つもなく、私たちは常に売り手や経営陣の心を掴みつつ全体を差配し、外部の力を巻き込み、そして助けてもらいながらチームで活動しなくてはなりません。だからこそ、金融機関や外部専門家、経営人材、注力業界における人脈などの〝エコシステム〟を自分自身でつくりあげていく力が決定的に重要なのです。

――どのような人材と一緒に仕事がしたいですか。また、どのように育成されているのでしょうか。

N氏　やはり人間力、特に〝チャーム〟を持っている人、そして、自分とは違った強みを持った方と仕事がしたいと思っています。経験上、さまざまな強みを持つ人とフラットな関係のチームを組んだ方が大きな結果を出すことができますし、何よりも面白いですからね。

育成に関しては、重要な〝フェアウェイ〟は決めますが、細かな一打一打については任せる。これが私のスタイルです。つまり、予算や期限、戦略の幅など基本的な方向性については、チームで協議して設定しますが、仕事の進め方や投資先企業や関係者とのコミュニケーションの取り方については自分で考え、行動してみてもらう。ＰＥファンドに入ってくる人は何かしらの強みを持った魅力的な方が多く、投資先とのやり取りなどについてもある程度任せられる方がほとんどだと思いますが、自走する力を持っている人でなければ、将来的に組織を動かし、投資活動を率いていくようなリーダーに成長しないと思います。

——PEファンドに向いていない人というのもいるのでしょうか。

N氏　事業に対するマインドと投資に対するマインド。双方を持ち合わせた人材でなくては、ＰＥファンドで活躍し続けるのは難しいと思います。実際、きわめて高度なファイナンス力を持つ優秀な投資銀行の方がＰＥファンドの面接にいらっしゃることがあるのですが、「この会社はどのようなビジネスモデルを展開しており、何が成長のためのポイントですか?」と聞くとうまく答えられないケースが少なくありません。逆に、ビジネスモデルやオペレーションの仕組みについては研究者のような知見を持つ一方で、いかにして投資リターンを出すかという点に対する感度が非常に低い人もいます。このようにどちらか一方への関心しかないと、自分の携わるプロジェクトが会社のどのような部分にインパクトを与え、どう変革を起こしたことでリターンを創出しているかといったことを実感できませんし、それらを統合的に捉えて最善の打ち手を考え実践していくことが求められる仕事だと思います。

それから、ちょっとだけ経験してみようとか、ある程度スキルを身に付けたら次の道に進もうという志向をお持ちの方も、PEファンドの仕事は本質的に合わないと思います。PE投資はたいへん息の長い仕事です。一度投資を実行したら、少なくとも3~5年くらいは非常に深くコミットするのが一般的ですし、5~10年は数名~数十名の仲間とやり切る覚悟、そして、ポジティブなマインドの持ち主でなければ正直もたないと思います。PE投資の仕事を何年もやっていれば上手くいかない局面に出くわすことも珍しくありません。私自身も過去に投資額のほぼ全てを失うような「失敗案件」を経験しています。しかし、「投資」というリスクを取ってリターンを狙う仕事をしている以上、全戦全勝は困難です。そういった辛い局面にあっても、しっかり腰を据え、投資先と自らのチームのために最大限の努力をし、その学びを次の投資に活かして共に投資家として成長していく、そんな気概を持った方と長期的にご一緒していきたいです。

――ＰＥファンドへの転職を目指す若手ビジネスパーソンの皆さんにメッセージをお願いします。

Ｎ氏　私の知る限り、ＰＥ投資は、世界でいちばん楽しい仕事だと思います。ご一緒できる日を楽しみにしております。

おわりに

本書は、一人でも多くの若手ビジネスパーソンに「経営×ファイナンス」の能力に関心をお持ちいただき、少しでもキャリアを前に進めるきっかけになれればと思い執筆しました。それは私たち自身がキャリアに悩み、苦悩した一人であり、昔の自分たちのような方々に何かを届けたいという衝動でもありました。

組織のあり方や働き方を含め、あらゆることが不透明になったポストコロナの時代にこそ「経営×ファイナンス」能力が必要であり、M&A、事業再生、PEファンド業界がそれらを身に着けるのに最適な業界であると考えています。

それは決してエリートではない自分たちも自立したキャリアを築けたという実体験からくるものです。

私（和田）は、自身がPEファンドやM&A担当としての仕事を通じて自立したキャリアを獲得できたという実体験があります。一営業マンで、何者でもなかった自分が今では経営の大きな意思決定に携わっています。また、今後のキャリアの選択肢も大幅に広がった実感があります。この感謝を何らかの形で還元したかったのです。

私（堀江）は、和田さんをはじめ200名近い方をM&A、事業再生、PEファンド業界（投資先CXOポジション含む）に支援させていただき、多くの方の人生が切り開かれていくのを実感しました。キャリア支援というものを生業にした背景は野村證券時代に自分自身がキャリアに苦悩し生き方に深く悩んだからです。その苦悩から離れるために、キャリアや生き方に関するテーマを探究し、現在はそれが仕事となりました。私も和田さんと同じくこの業界に育てていただきましたので、このような形で感謝を示すことができて本当に嬉しい限りです。

本書の締めくくりとして、若手ビジネスパーソンの皆さんにお伝えしたいことがあります。それは「0に小さな1を積み重ねる」ことの大切さです。いきなり大きなことはできなくても少しでも前へ前へと進み続ける「行動」が人生を作ります。

ぜひ皆さんが経営×ファイナンス業界の門を叩きキャリアを切り開かれることを願ってやみません。

私たちはTwitterで業界の情報発信を行っていますのでさらに業界の情報収集をされたい方や、業界の思考を学び取りたい方はぜひフォローしてみてください。キャリアのご相談があればDMをいただいても結構です。

・和田耕太郎
https://twitter.com/Kotaro_PE39
・堀江大介
https://twitter.com/dai_horie

狭い業界ですのでどこかでお会いできましたらぜひお声がけください。

採用ハードルが高く見えるかもしれませんが、念入りに調べれば未経験者採用を行っている企業もありますので、まずは情報収集から始めていただき「経営×ファイナンス業界」の仲間として業界を盛り上げていければ幸いです。

※共著者の堀江が代表を務めるヤマトヒューマンキャピタルでは、本書でお伝えしきれなかった業界情報や具体的な求人情報のご紹介をしております。無料転職・キャリア相談をご希望の方は、こちらのＱＲコードからお申し込み下さい。

■著者プロフィール

和田耕太郎（わだ こうたろう）

早稲田大学を卒業後、野村證券にて資産運用業務、米国ゼネラル・エレクトリック（ＧＥ）の金融部門であるGE Capitalにて国内中堅企業向けの資金調達業務に従事した後に、国内独立系ファンドである日本創生投資にて主に事業承継・再生に関するバイアウト投資に従事。現在は製造業のＭ＆Ａを推進するセイワホールディングスにてＭ＆Ａ担当の執行役員を務め、多くのＭ＆Ａを実行するとともに、グループ会社の経営を行っている。また、知人と共に投資ファンドの立ち上げも進めている。

堀江 大介（ほりえ だいすけ）

大学卒業後、野村證券、ＩＴスタートアップ、コンサルティング業界専門の人材紹介会社を経て、経営×ファイナンス領域（Ｍ＆Ａ・事業再生・ファンド業界）やプロ経営者専門の転職支援会社ヤマトヒューマンキャピタル株式会社を創業。これまで２００名以上の方を同業界に支援した実績をもつ。

また、事業承継問題の解決には投資資金に加え「経営人材」を輩出するエコシステムが必要だという問題意識から、２０１８年に一般社団法人日本プロ経営者協会をＰＥファンドパートナーと共同設立、代表理事に就任し、現在に至る。

ポストコロナのキャリア戦略
経営×ファイナンス
専門スキルのないキャリアに悩むあなたを救う、0から経営人材になる方法!

発行日　2021年2月15日
著　者　和田耕太郎
　　　　堀江 大介
発行者　橋詰 守
発行所　株式会社 ロギカ書房
〒101-0052
東京都千代田区神田小川町2丁目8番地
進盛ビル303号
Tel 03（5244）5143
Fax 03（5244）5144
http://logicashobo.co.jp/
印刷・製本　藤原印刷株式会社

978-4-909090-51-5　C2034